școală - escuela 2
călătorie - viaje 5
transport - transporte 8
oraș - ciudad 10
peisaj - paisaje 14
restaurant - restaurante 17
supermarket - supermercado 20
băuturi - bebida 22
mâncare - comida 23
gospodărie țărănească - granja 27
casă - casa 31
cameră de zi - cuarto de estar 33
bucătărie - cocina 35
baie - cuarto de baño 38
camera copiilor - cuarto de los niños 42
îmbrăcăminte - vestimenta 44
birou - oficina 49
economie - economía 51
ocupații - ocupaciones 53
instrumente - herramientas 56
instrumente muzicale - instrumentos musicales 57
grădină zoologică - zoológico 59
sport - deporte 62
activități - actividades 63
familie - familia 67
corp - cuerpo 68
spital - hospital 72
urgență - emergencia 76
pământ - Tierra 77
ceas - reloj 79
săptămână - semana 80
an - año 81
forme - formas 83
culori - colores 84
antonime - opuestos 85
cifre - números 88
limbi - idiomas 90
cine/ce/cum - quién / qué / cómo 91
unde - donde 92

Impressum
Verlag: BABADADA GmbH, Nedderfeld 112 , 22529 Hamburg
Geschäftsführer / Verlagsleitung: Harald Hof
Druck: Books on Demand GmbH, In de Tarpen 42, 22848 Norderstedt

Imprint
Publisher: BABADADA GmbH, Nedderfeld 112 , 22529 Hamburg, Germany
Managing Director / Publishing direction: Harald Hof
Print: Books on Demand GmbH, In de Tarpen 42, 22848 Norderstedt, Germany

școală
escuela

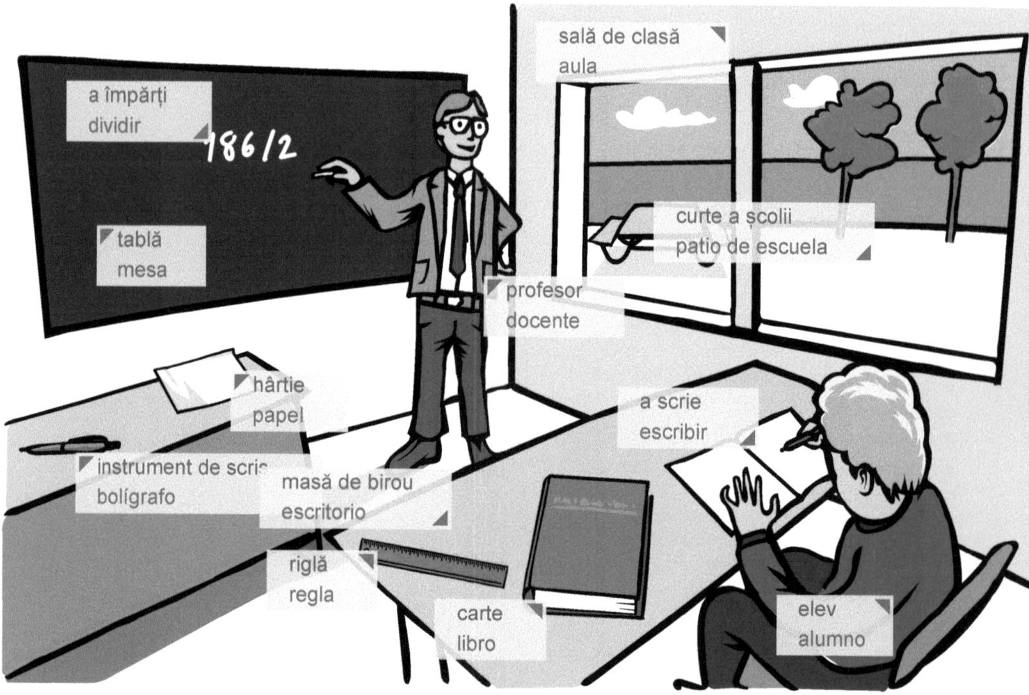

sală de clasă
aula
a împărți
dividir
186/2
tablă
mesa
curte a școlii
patio de escuela
profesor
docente
hârtie
papel
a scrie
escribir
instrument de scris
bolígrafo
masă de birou
escritorio
riglă
regla
carte
libro
elev
alumno

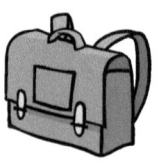

ghiozdan

mochila escolar

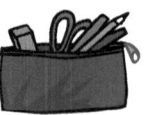

penar

caja de lápices

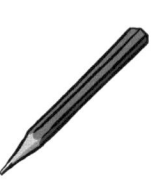

creion

lápiz

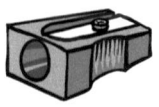

ascuțitoare

sacapuntas

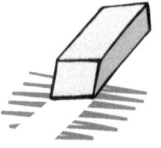

radieră

goma de borrar

bloc de desen

bloc de dibujo

desen
dibujo

pensulă
pincel

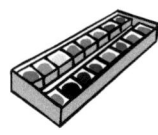

cutie de acuarele
caja de pinturas

foarfece
tijera

lipici
pegamento

caiet de exerciții
libro de ejercicios

temă
tarea

număr
número

a aduna
sumar

a scădea
restar

a multiplica
multiplicar

a calcula
calcular

literă
letra

alfabet
alfabeto

cuvânt
palabra

text
texto

a citi
leer

cretă
tiza

oră
lección

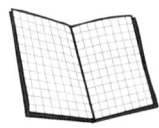

catalog
libro de clase

examen
examen

certificat
certificado

uniformă școlară
uniforme escolar

educație
educación

enciclopedie
enciclopedia

universitate
universidad

microscop
microscopio

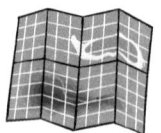

hartă
mapa

coș de gunoi
cesto de papeles

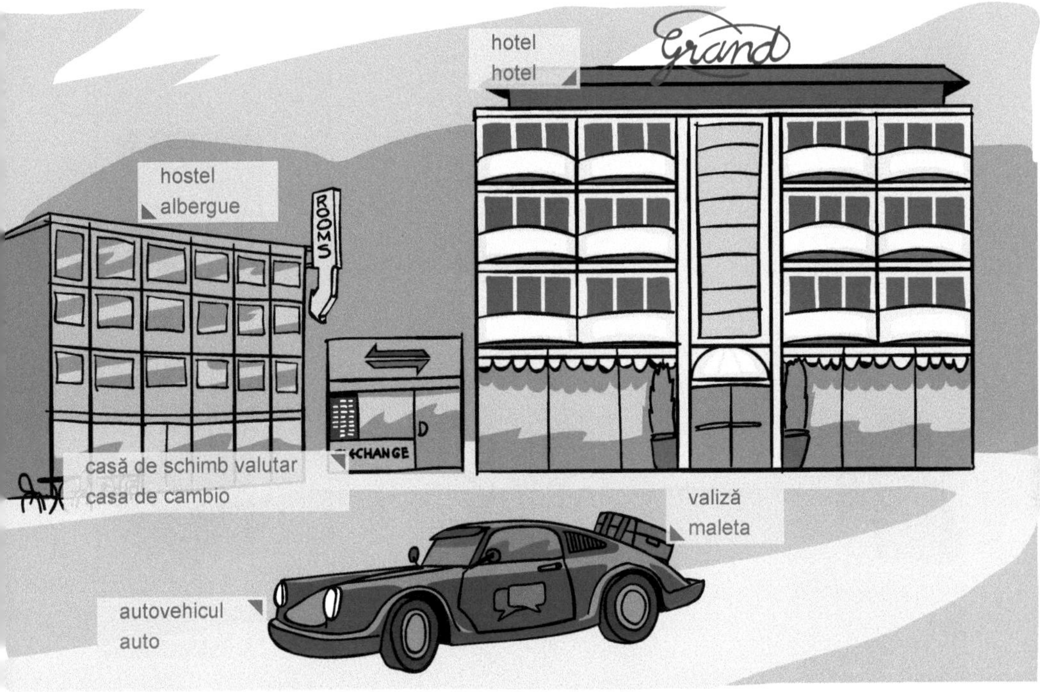

hotel
hotel
Grand
hostel
albergue
ROOMS
EXCHANGE
casă de schimb valutar
casa de cambio
valiză
maleta
autovehicul
auto

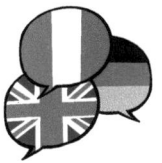

limbă

idioma

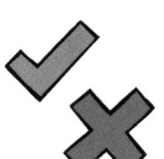

da/nu

sí / no

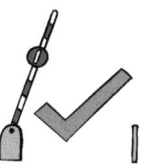

okay

ok

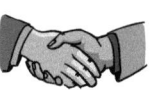

Bună!

hola

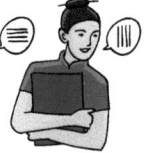

interpret

intérprete

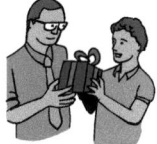

mulțumesc

gracias

Cât costă…?

¿Cuánto cuesta…?

Nu înțeleg

No entiendo

problemă

problema

Bună seara!

¡Buenas tardes!

Bună dimineața!

¡Buenos días!

Noapte bună!

¡Buenas noches!

la revedere

adiós

direcție

dirección

bagaj

equipaje

geantă

bolso

rucsac

mochila

oaspete

invitado

cameră

cuarto

sac de dormit

saco de dormir

cort

tienda de campaña

punct de informare turistică

información al turista

plajă

playa

carte de credit

tarjeta de crédito

mic dejun

desayuno

masa de prânz

almuerzo

cină

cena

bilet de călătorie

pasaje

lift

ascensor

timbru poştal

sello

graniţă

límite

vamă

aduana

ambasadă

embajada

viză

visa

paşaport

pasaporte

transport
transporte

avion
avión

vas
barco

mașină de pompieri
coche de bomberos

autobuz
bus

camion
camión

șalupă
lancha a motor

bicicletă
bicicleta

autovehicul
auto

feribot

balsa

barcă

lancha

motocicletă

motocicleta

mașină de poliție

auto de policía

mașină de curse

auto de carreras

mașină închiriată

auto de alquiler

car sharing

alquiler de autos

mașină de tractat

grúa

mașină de gunoi

vehículo recolector de basura

motor

motor

combustibil

gasolina

benzinărie

gasolinera

semn de circulație

señal de tráfico

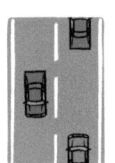

trafic

tránsito

ambuteiaj

atasco

parcare

estacionamiento

gară

estación de tren

șine

carril

tren

tren

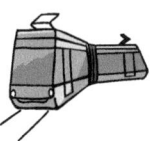

tramvai

tranvía

vagon

vagón

elicopter

helicóptero

aeroport

aeropuerto

turn

torre

pasager

pasajero

container

contenedor

carton

caja de cartón

căruţă

carro

coş

cesta

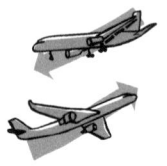

a decola/a ateriza

despegar / aterrizar

oraş

ciudad

sat

aldea

centru

centro de la ciudad

casă

casa

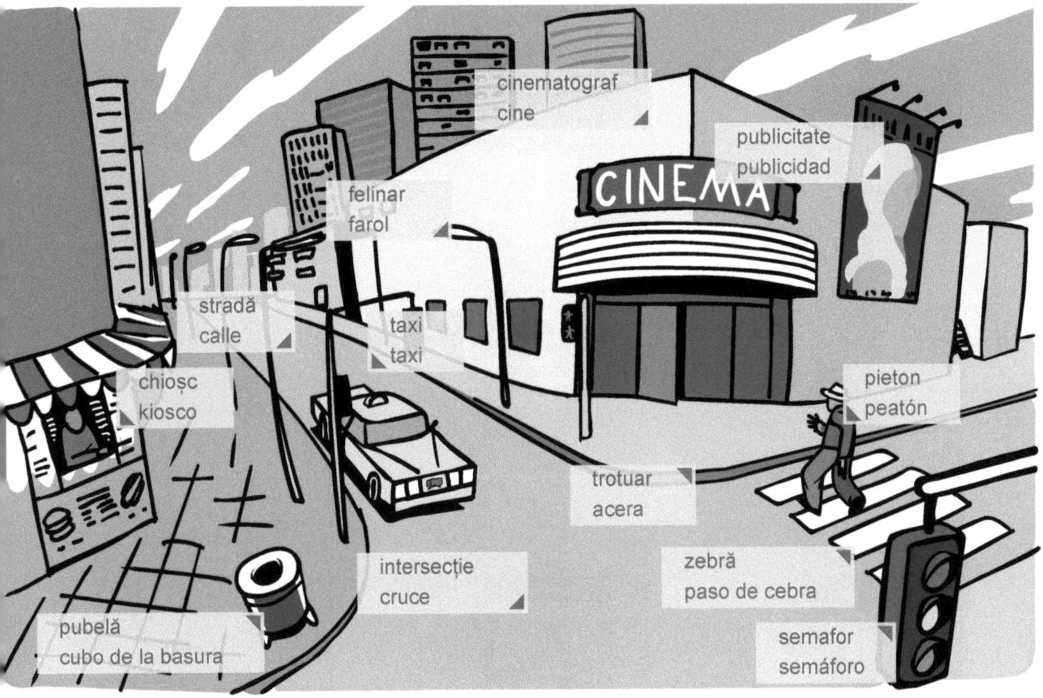

cinematograf
cine

publicitate
publicidad

felinar
farol

stradă
calle

taxi
taxi

chioşc
kiosco

pieton
peatón

trotuar
acera

intersecţie
cruce

zebră
paso de cebra

pubelă
cubo de la basura

semafor
semáforo

cabană
....
cabaña

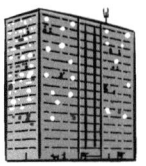

apartament
....
apartamento

gară
....
estación de tren

primărie
....
ayuntamiento

muzeu
....
museo

şcoală
....
escuela

oraş - ciudad

universitate

universidad

bancă

banco

spital

hospital

hotel

hotel

farmacie

farmacia

birou

oficina

librărie

librería

magazin

negocio

florărie

florería

supermarket

supermercado

piață

mercado

magazin universal

grandes almacenes

comerciant de pește

pescadería

centru comercial

centro comercial

port

puerto

parc

parque

bancă

banco

pod

puente

trepte

escalera

metrou

metro

tunel

túnel

stație de autobuz

parada de autobuses

bar

bar

restaurant

restaurante

cutie poștală

buzón de correo

tăbliță indicatoare cu
numele străzii

letrero

parcometru

parquímetro

grădină zoologică

zoológico

piscină

piscina

moschee

mezquita

gospodărie țărănească
....
granja

poluare
....
polución

cimitir
....
cementerio

biserică
....
iglesia

loc de joacă
....
parque infantil

templu
....
templo

peisaj
paisaje

frunză
hoja

indicator
indicador de camino

drum
sendero

pajiște
pradera

piatră
piedra

copac
árbol

drumeț
caminante

râu
río

iarbă
pasto

floare
flor

vale
valle

deal
montaña

lac
lago

pădure
bosque

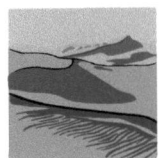

deşert
desierto

vulcan
volcán

castel
castillo

curcubeu
arco iris

ciupercă
seta

palmier
palmera

ţânţar
mosquito

muscă
mosca

furnică
hormiga

albină
abeja

păianjen
araña

peisaj - paisaje

15

gândac

escarabajo

broască

rana

veveriță

ardilla

arici

erizo

iepure

liebre

bufniță

lechuza

pasăre

pájaro

lebădă

cisne

porc mistreț

jabalí

cerb

ciervo

elan

alce

dig

embalse

turbină eoliană

aerogenerador

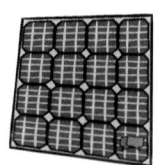

panou solar

módulo solar

climă

clima

restaurant
restaurante

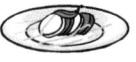

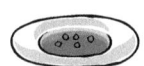

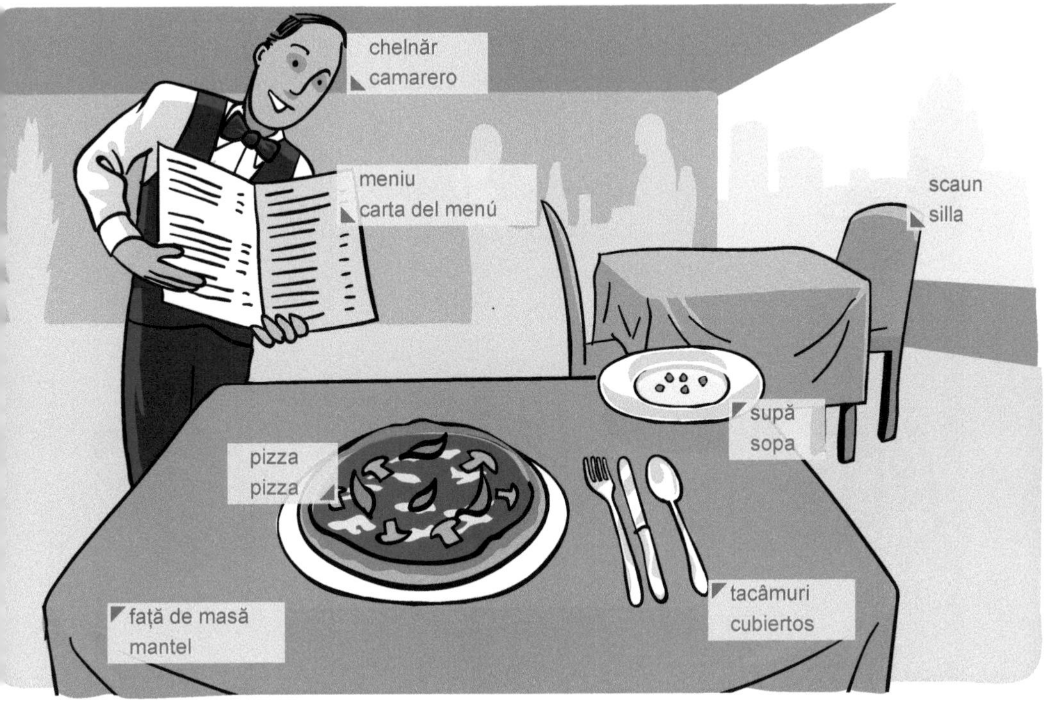
chelnăr
camarero
meniu
carta del menú
scaun
silla
supă
sopa
pizza
pizza
tacâmuri
cubiertos
față de masă
mantel

antreu
entrada

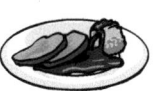

fel principal
plato principal

desert
postre

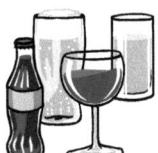

băuturi
bebida

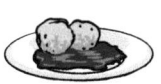

mâncare
comida

sticlă
botella

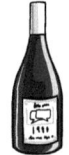

fastfood

comida rápida

streetfood

comida callejera

ceainic

tetera

zaharniță

azucarera

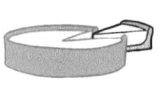

porție

porción

espressor

máquina de espresso

scaun înalt (pentru copii)

silla alta

factură

factura

tavă

bandeja

cuțit

cuchillo

furculiță

tenedor

lingură

cuchara

linguriță

cuchara de té

șervețel

servilleta

pahar

vaso

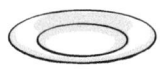

farfurie

plato

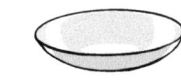

farfurie de supă

plato de sopa

farfurie

platillo

sos

salsa

solniță

salero

râșniță de piper

molinillo para pimienta

oțet

vinagre

ulei

aceite

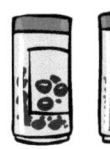

condimente

especias

ketchup

ketchup

muștar

mostaza

maioneză

mayonesa

supermarket
supermercado

ofertă
oferta
FOR
client
cliente
produse lactate
productos lácteos
fructe
fruta
cărucior de cumpărături
carrito de compras

BUTCHERS

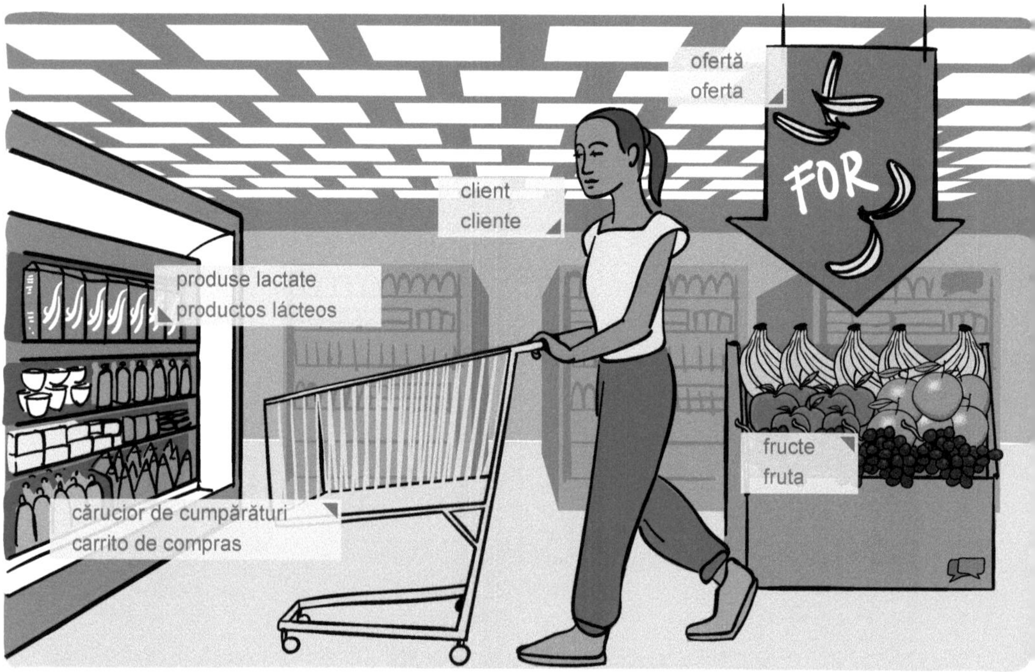

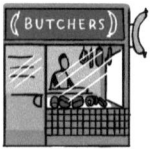

măcelărie

carnicería

BAKERY

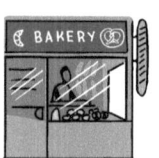

brutărie

panadería

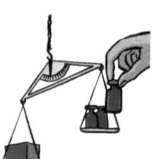

a cântări

pesar

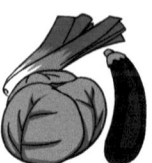

legume

verdura

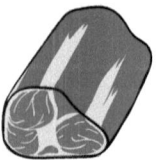

carne

carne

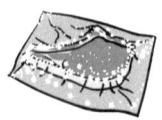

alimente refrigerate

alimentos congelados

mezeluri și brânzeturi feliate

....

fiambre

conserve

....

conservas

detergent

....

detergente en polvo

dulciuri

....

dulces

articole de menaj

....

artículos domésticos

produse de curățenie

....

productos de limpieza

vânzătoare

....

vendedora

casă

....

caja

casier

....

cajero

listă de cumpărături

....

lista de compras

orar

....

horario de atención

portmoneu

....

cartera

carte de credit

....

tarjeta de crédito

geantă

....

maleta

pungă de plastic

....

bolsa plástica

apă

agua

suc

jugo

lapte

leche

cola

refresco de cola

vin

vino

bere

cerveza

alcool

alcohol

cacao

cacao

ceai

té

cafea

café

espresso

espresso

cappucino

cappuccino

banane

banana

măr

manzana

portocală

naranja

pepene

sandía

lămâie

limón

morcov

zanahoria

usturoi

ajo

bambus

bambú

ceapă

cebolla

ciupercă

seta

nuci

nueces

paste făinoase

fideos

spagheti

espagueti

orez

arroz

salată

ensalada

cartofi prăjiți

patatas fritas

cartofi țărănești

patatas salteadas

pizza

pizza

hamburger

hamburguesa

sandwich

sándwich

șnițel

escalope

șuncă

jamón

salam

salame

cârnați

embutido

pui

pollo

friptură

asado

pește

pescado

fulgi de ovăz

copos de avena

musli

musli

cereale

copos de maíz tostado

făină

harina

corn

croissant

chifle

panecillo

pâine

pan

pâine prăjită

tostada

biscuiți

galletas

unt

mantequilla

brânză de vaci

cuajada

prăjitură

pastel

ou

huevo

ouă ochiuri

huevo frito

brânză

queso

îngheţată

helado

zahăr

azúcar

miere

miel

marmeladă

mermelada

cremă nuga

praliné

curry

curry

gospodărie ţărănească

granja

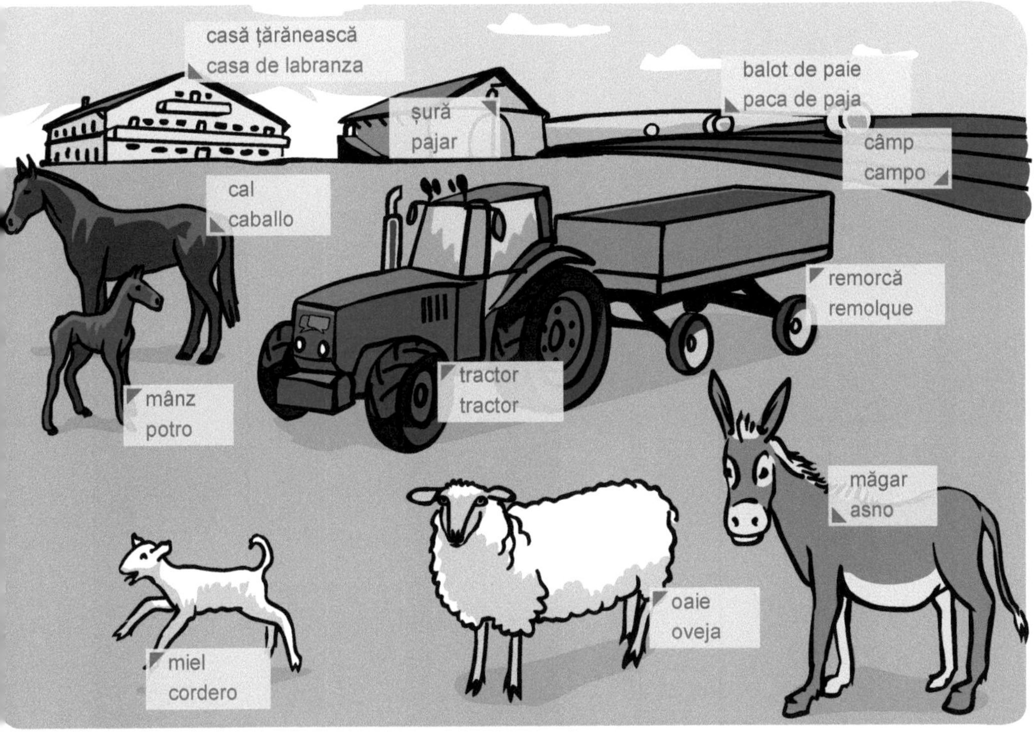

casă ţărănească
casa de labranza
şură
pajar
balot de paie
paca de paja
câmp
campo
cal
caballo
remorcă
remolque
mânz
potro
tractor
tractor
măgar
asno
oaie
oveja
miel
cordero

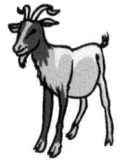

capră
cabra

vacă
vaca

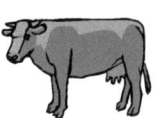

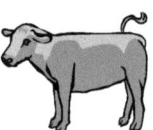

viţel
ternero

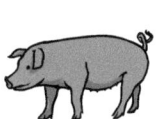

porc
cerdo

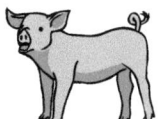

purcel
lechón

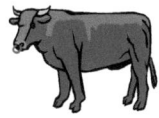

taur
toro

găină
ganso

rață
pato

pui
polluelo

găină
pollo

cocoș
gallo

șobolan
rata

pisică
gato

șoarece
ratón

bou
buey

câine
perro

cușcă
caseta del perro

furtun de grădină
manguera de riego

stropitoare
regadera

coasă
guadaña

plug
arado

seceră

hoz

sapă

azada

furcă

bieldo

secure

hacha

roabă

carretilla

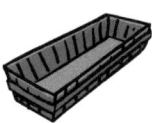

troacă

abrevadero

cană pentru lapte

lechera

sac

saco

gard

cerca

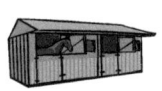

grajd

establo

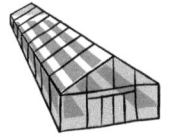

seră

invernadero

sol

suelo

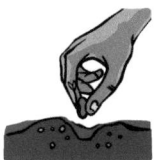

sămânță

semilla

fertilizator

fertilizante

combină de treierat

cosechadora

a culege
cosechar

recoltă
cosecha

cartof yam
raíz de ñame

grâu
trigo

soia
soja

cartof
patata

porumb
maíz

rapiță
colza

pom fructifer
Árbol frutal

manioc
mandioca

cereale
cereales

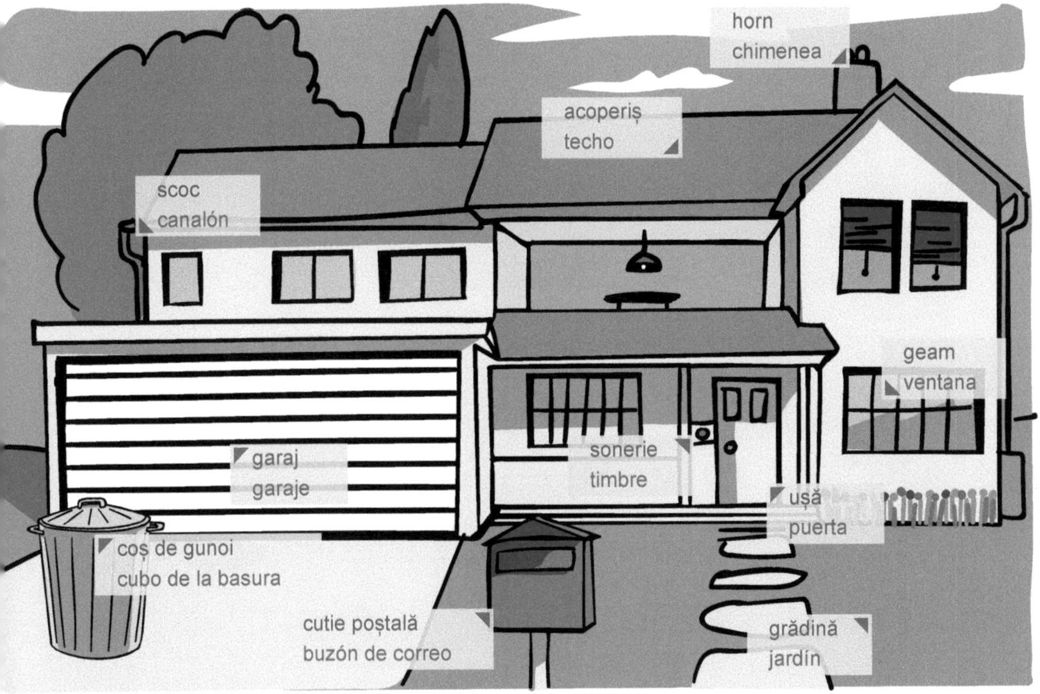

horn
chimenea

acoperiș
techo

scoc
canalón

geam
ventana

garaj
garaje

sonerie
timbre

ușă
puerta

coș de gunoi
cubo de la basura

cutie poștală
buzón de correo

grădină
jardín

cameră de zi

cuarto de estar

baie

cuarto de baño

bucătărie

cocina

dormitor

dormitorio

camera copiilor

cuarto de los niños

sufragerie

comedor

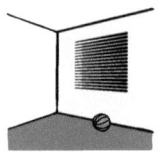

podea

piso

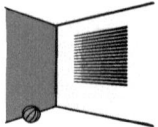

perete

pared

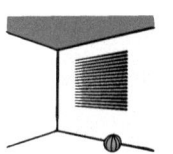

tavan

cielorraso

pivniță

sótano

saună

sauna

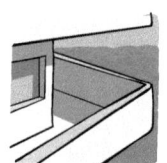

balcon

balcón

terasă

terraza

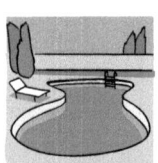

piscină

piscina

mașină de tuns iarba

cortacésped

cearșaf

funda nórdica

cuvertură

edredón

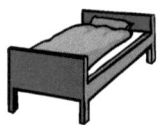

pat

cama

mătură

escoba

găleată

cubo

întrerupător

interruptor

cameră de zi
cuarto de estar

tapet
papel para empapelar
pictură
imagen
lampă
lámpara
raft
estante
dulap
gabinete
televizor
televisor
șemineu
hogar
floare
flor
pernă
cojín
sofa
sofá
vază
florero
telecomandă
control remoto

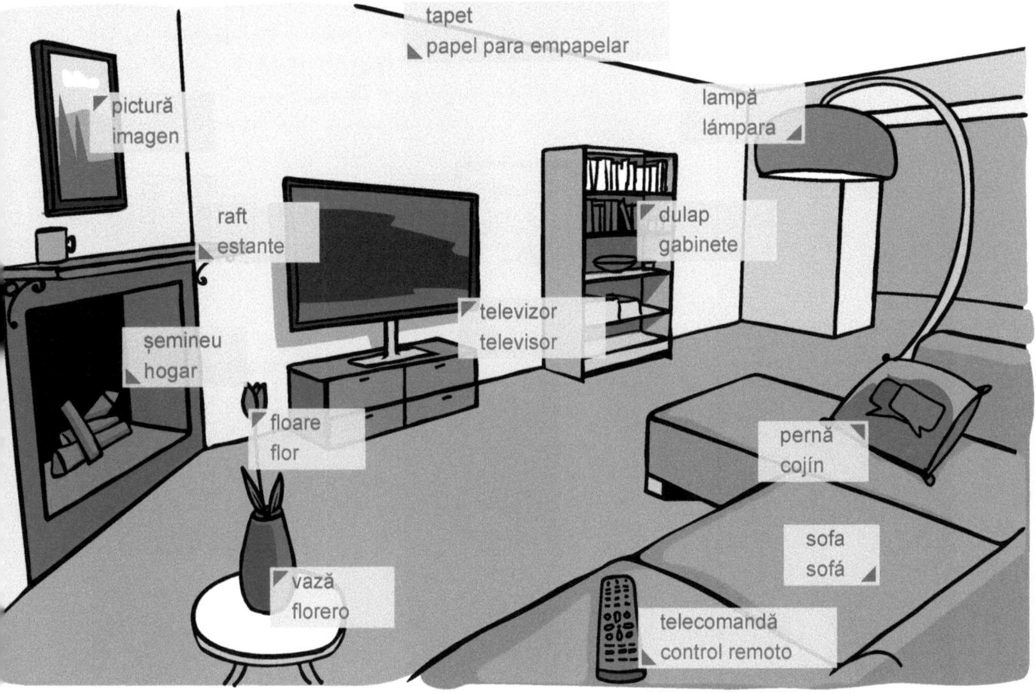

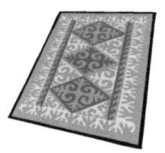

covor
alfombra

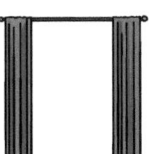

perdea
cortina

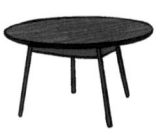

masă
mesa

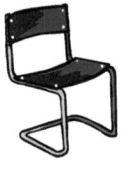

scaun
silla

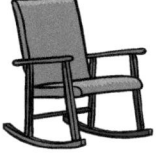

balansoar
mecedora

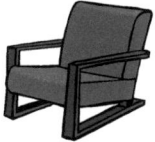

fotoliu
sillón

carte
libro

pătură
frazada

decoraţiune
decoración

lemn de foc
leña

film
film

instalaţie stereo
equipo estereofónico

cheie
llave

ziar
periódico

desen
cuadro

poster
póster

radio
radio

caiet de notiţe
bloc de notas

aspirator
aspiradora

cactus
cactus

lumânare
vela

bucătărie
cocina

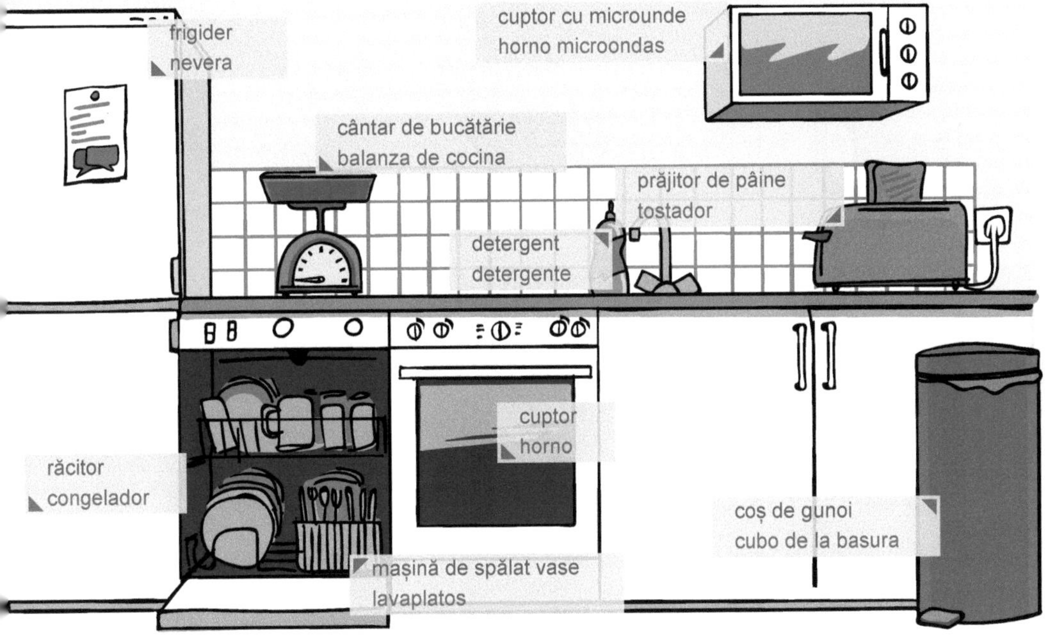
frigider
nevera
cuptor cu microunde
horno microondas
cântar de bucătărie
balanza de cocina
prăjitor de pâine
tostador
detergent
detergente
cuptor
horno
răcitor
congelador
coș de gunoi
cubo de la basura
mașină de spălat vase
lavaplatos

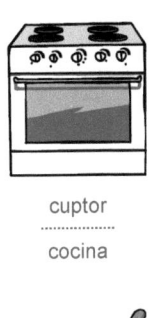

cuptor

cocina

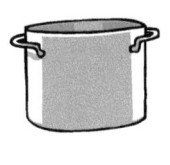

oală

olla

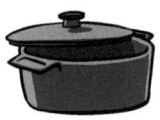

oală de metal

olla de fundición de hierro

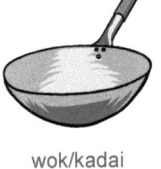

wok/kadai

wok / kadai

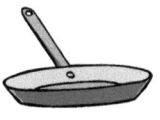

tigaie

sartén

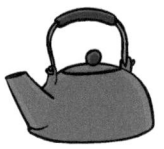

ceainic

hervidor de agua

oală de gătit cu aburi

olla de vapor

tavă de copt

bandeja de horno

vesela

vajilla

pahar

vaso

bol

bol

bețișoare

palillos para comer

polonic

cucharón de sopa

spatulă

espátula

tel

batidor

sită

colador

sită

cedazo

răzătoare

rallador

mojar

mortero

grătar

parrillada

loc pentru grătar

fogata

tocător

tabla de picar

sucitor

rodillo

tirbușon

sacacorchos

conservă

lata

deschizător de conserve

abrelatas

șervete termice

agarrador

chiuvetă

fregadero

perie

cepillo

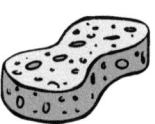

burete

esponja

mixer

batidora

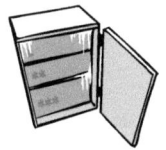

ladă frigorifică

arcón congelador

biberon

biberón

robinet

grifo

baie

cuarto de baño

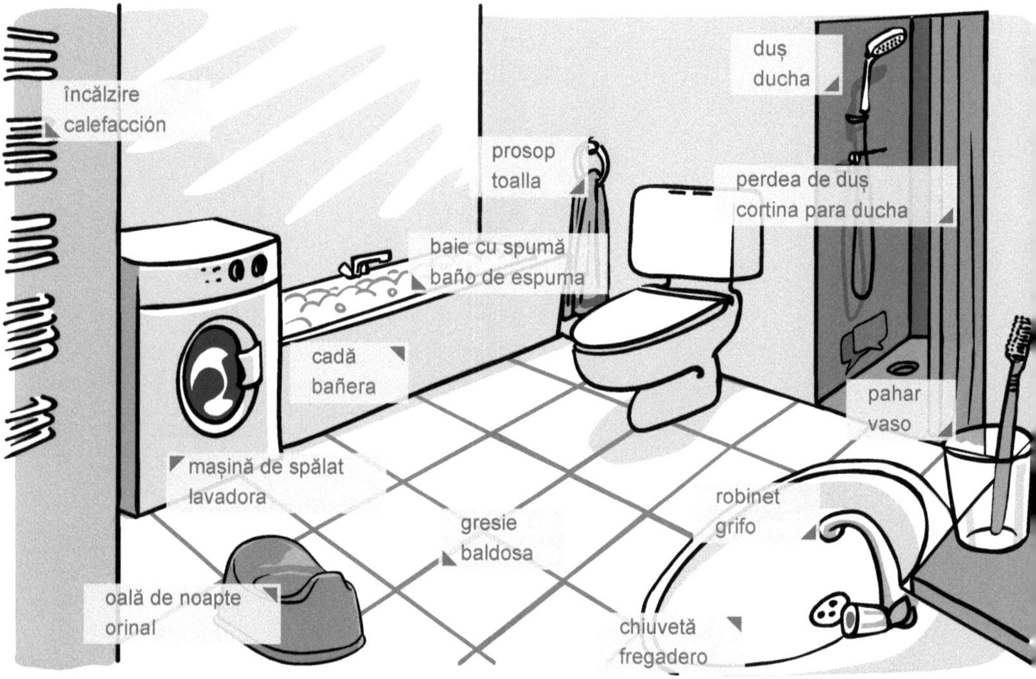

duș
ducha
încălzire
calefacción
prosop
toalla
perdea de duș
cortina para ducha
baie cu spumă
baño de espuma
cadă
bañera
pahar
vaso
mașină de spălat
lavadora
robinet
grifo
gresie
baldosa
oală de noapte
orinal
chiuvetă
fregadero

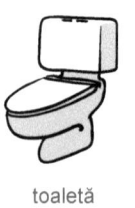

toaletă

cuarto de baño

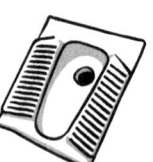

toaletă turcescă

placa turca

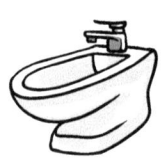

bideu

bidé

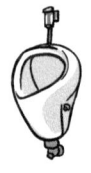

pisoir

urinario

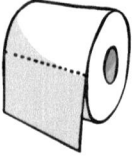

hârtie igienică

papel higiénico

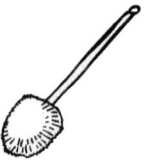

perie de toaletă

escobilla para el cuarto de baño

periuță de dinți

cepillo de dientes

pastă de dinți

pasta dentífrica

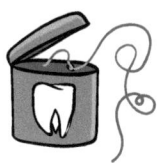

ață dentară

seda dental

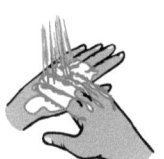

a spăla

lavar

cap de duș

ducha teléfono

duș intim

ducha higiénica

lavoar

cuenco

perie pentru spate

cepillo para la espalda

săpun

jabón

gel de duș

gel de ducha

șampon

champú

cârpă de spălat

manopla para baño

scurgere

desagüe

cremă

crema

deodorant

desodorante

oglindă
espejo

oglindă cosmetică
espejo de maquillaje

aparat de ras
máquina de afeitar

spumă de ras
espuma de afeitar

aftershave
loción para después del
afeitado

pieptene
peine

perie
cepillo

uscător de păr
secador para cabello

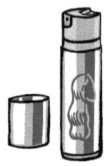

fixator
laca de peinado

machiaj
maquillaje

ruj
lápiz labial

lac de unghii
laca para uñas

vată
algodón

foarfece de unghii
tijera para uñas

parfum
perfume

neseser
....
neceser

taburet
....
taburete

cântar
....
balanza

halat de baie
....
bata de baño

mănuși de cauciuc
....
guantes de goma

tampon
....
tampón

tampon
....
compresa

toaletă chimică
....
wáter químico

camera copiilor
cuarto de los niños

ceas deșteptător
despertador
jucărie de pluș
animal de peluche
mașină de jucărie
auto de juguete
morișcă
sonajero
casă de păpuși
casa de muñecas
cadou
obsequio

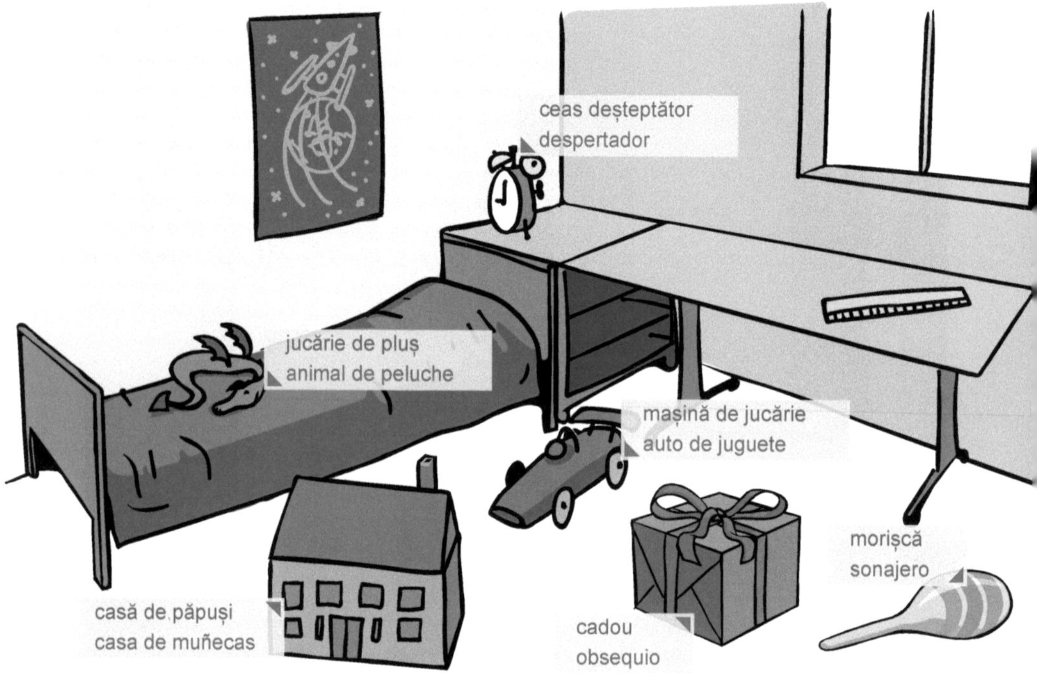

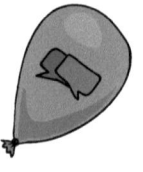

balon
globo

pat
cama

cărucior de copii
cochecito para niños

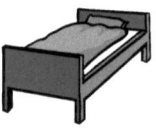

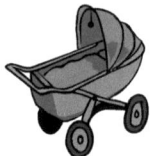

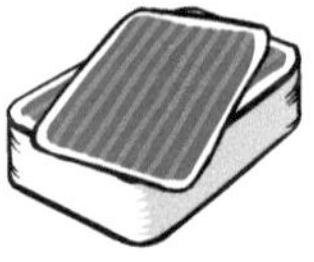

joc de cărți
juego de barajas

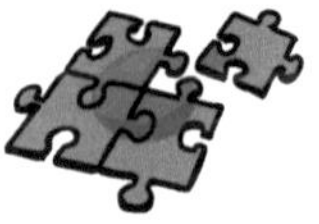

puzzle
rompecabezas

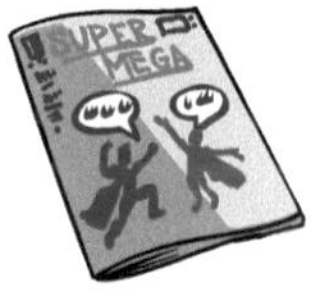

revistă de benzi desenate
cómic

cuburi lego

piezas de Lego

piese pentru construcții

bloques para jugar

personaj din filmele de acțiune

figura de acción

body

pijama de una pieza

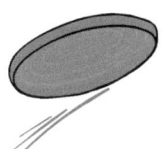

frisbee

frisbee

mobil

móvil

joc de societate

juego de mesa

zar

dado

set trenuleț de jucărie

tren eléctrico a escala

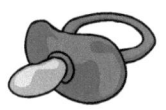

suzetă

chupete

petrecere

fiesta

carte cu poze

libro de dibujos

minge

pelota

păpușă

títere

a se juca

jugar

groapă de nisip

arenero

leagăn

columpio

jucării

juguetes

consolă video

consola de videojuego

tricicletă

triciclo

ursuleț

osito de peluche

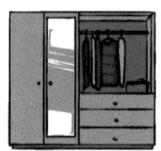

dulap

guardarropa

îmbrăcăminte

vestimenta

șosete

calcetines

ciorapi

medias

dres

panti

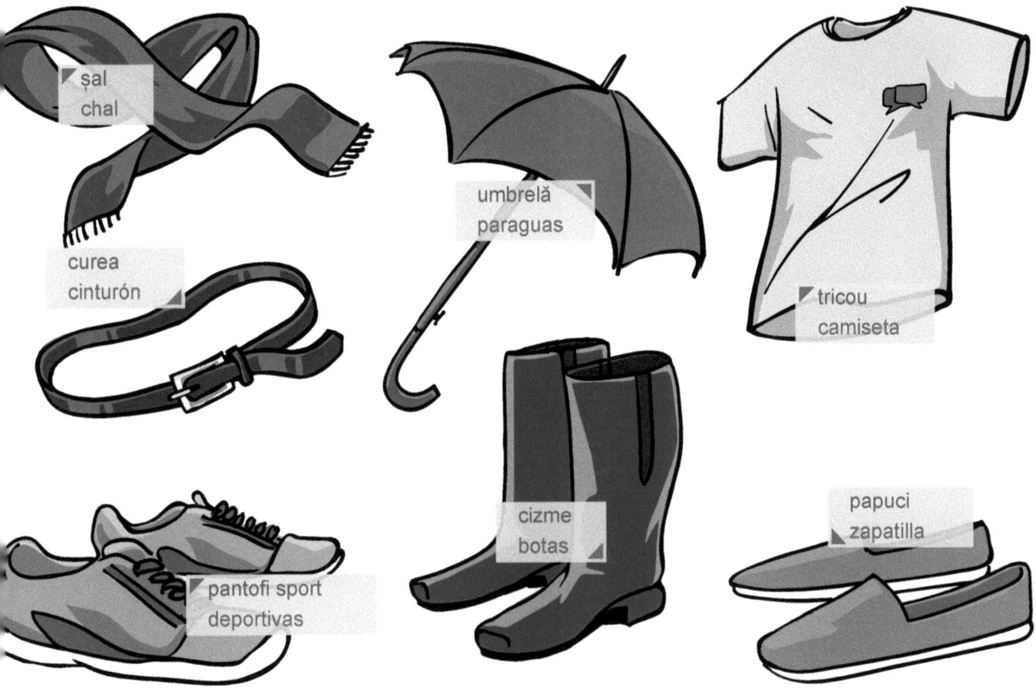

șal
chal

umbrelă
paraguas

tricou
camiseta

curea
cinturón

cizme
botas

papuci
zapatilla

pantofi sport
deportivas

sandale
....
sandalias

încălțăminte
....
zapatos

cizme de cauciuc
....
botas de goma

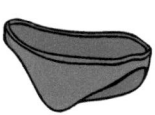

chilot
....
ropa interior

sutien
....
corpiño

maiou
....
camiseta

body
body

pantaloni
pantalón

blugi
jeans

fustă
falda

bluză
blusa

cămașă
camisa

pulover
pullover

jerseu
sweater

sacou
blazer

jachetă
chaqueta

palton
abrigo

pelerină de ploaie
impermeable

costum
traje chaqueta

rochie
vestido

rochie de mireasă
vestido de bodas

costum
traje

cămașă de noapte
camisón

pijama
pijama

sari
sari

batic
pañuelo de cabeza

turban
turbante

burka
burka

caftan
caftán

abaya
abaya

costum de baie
traje de baño

șort
bañador

pantaloni scurți
shorts

trening
chándal

șorț
delantal

mănuși
guante

nasture
....
botón

ochelari
....
gafa

brățară
....
brazalete

lanț
....
cadena

inel
....
anillo

cercel
....
aro

căciulă
....
gorra

umeraș
....
percha

pălărie
....
sombrero

cravată
....
corbata

fermoar
....
cierre a cremallera

cască
....
casco

bretele
....
tiradores

uniformă școlară
....
uniforme escolar

uniformă
....
uniforme

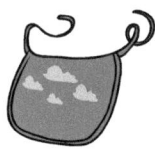

bavețică

babero

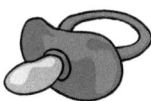

suzetă

chupete

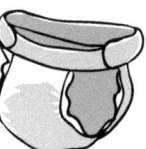

scutec

pañal

birou

oficina

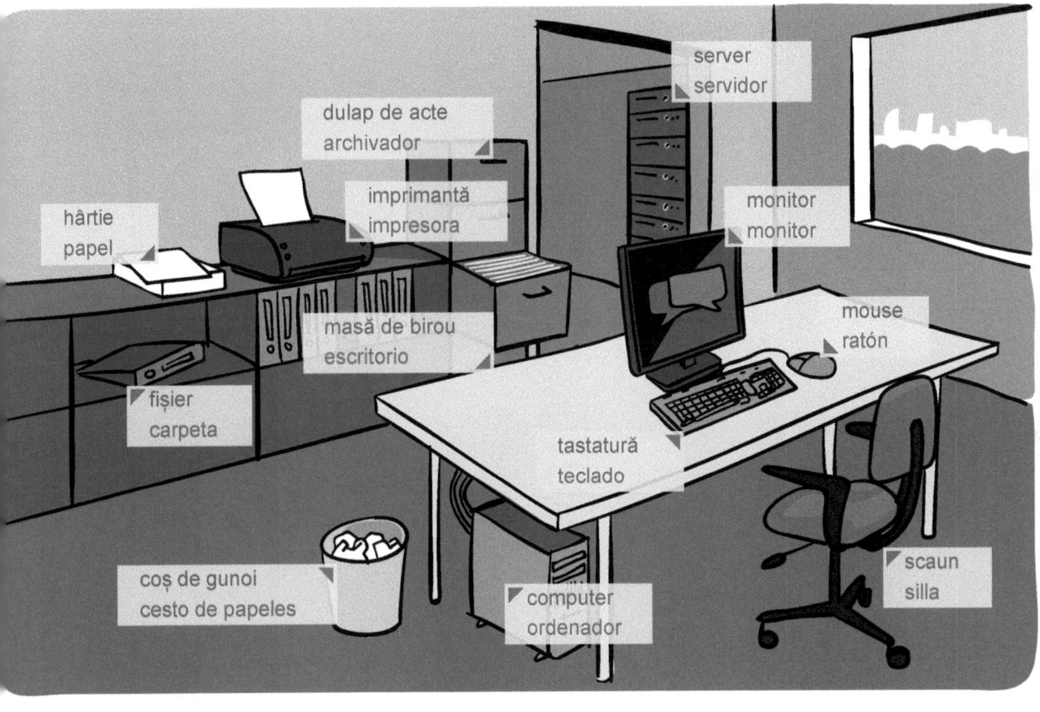
server
servidor
dulap de acte
archivador
imprimantă
impresora
hârtie
papel
monitor
monitor
mouse
ratón
masă de birou
escritorio
fișier
carpeta
tastatură
teclado
scaun
silla
coș de gunoi
cesto de papeles
computer
ordenador

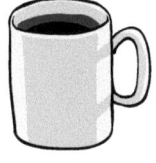

ceașcă de cafea

taza de café

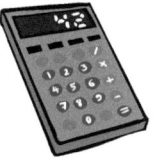

calculator

calculadora

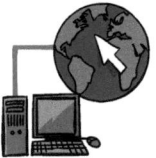

internet

internet

laptop
laptop

scrisoare
carta

mesaj
mensaje

telefon mobil
teléfono móvil

rețea
red

copiator
fotocopiadora

software
software

telefon
teléfono

priză
tomacorriente

fax
máquina de fax

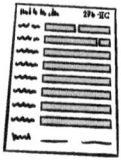

formular
formulario

document
documento

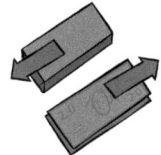

a cumpăra

comprar

a plăti

pagar

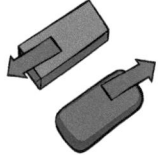

a face comerț

comerciar

bani

dinero

USD

Dolar

dólar

EUR

Euro

euro

JPY

Yen

yen

RUB

Rublă

rublo

CHF

Franc Elvețian

franco

CNY

renminbi yuan

renminbi

INR

Rupie

rupia

bancomat

cajero automático

casă de schimb valutar

casa de cambio

aur

oro

argint

plata

petrol

petróleo

energie

energía

preţ

precio

contract

contrato

impozit

impuesto

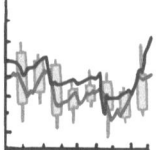

acţiune

acción

a munci

trabajar

angajat

empleado

angajator

empleador

fabrică

fábrica

magazin

negocio

ocupații
ocupaciones

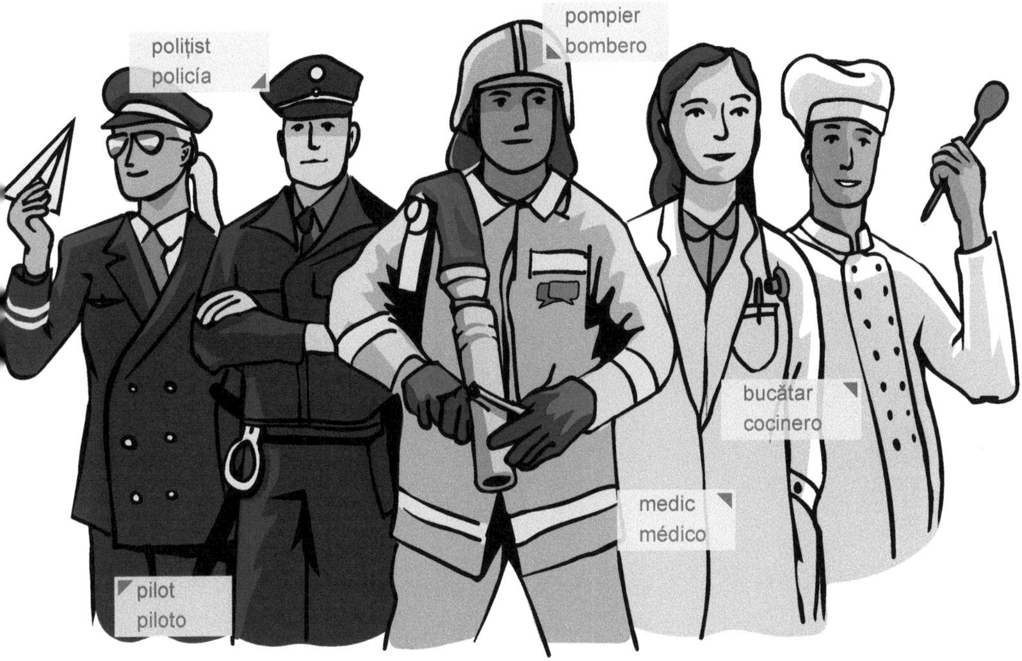

polițist
policía
pompier
bombero
bucătar
cocinero
medic
médico
pilot
piloto

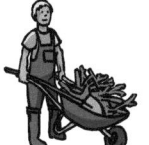

grădinar

jardinero

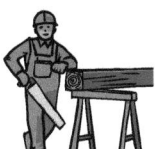

tâmplar

carpintero

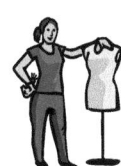

cusătoreasă

costurera

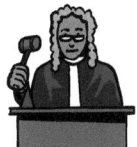

judecător

juez

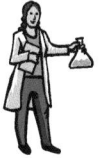

chimist

químico

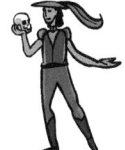

actor

actor

șofer de autobuz

conductor de autobús

șofer de taxi

taxista

pescar

pescador

femeie de serviciu

mujer de la limpieza

tinichigiu

techista

chelnăr

camarero

vânător

cazador

pictor

pintor

brutar

panadero

electrician

electricista

muncitor în construcții

albañil

inginer

ingeniero

măcelar

carnicero

instalator

fontanero

poștaș

cartero

soldat

soldado

arhitect

arquitecto

casier

cajero

florar

florista

frizer

peluquero

controlor

cobrador

mecanic

mecánico

căpitan

capitán

stomatolog

odontólogo

om de știință

científico

rabin

rabino

imam

imam

călugăr

monje

preot

párroco

instrumente
herramientas

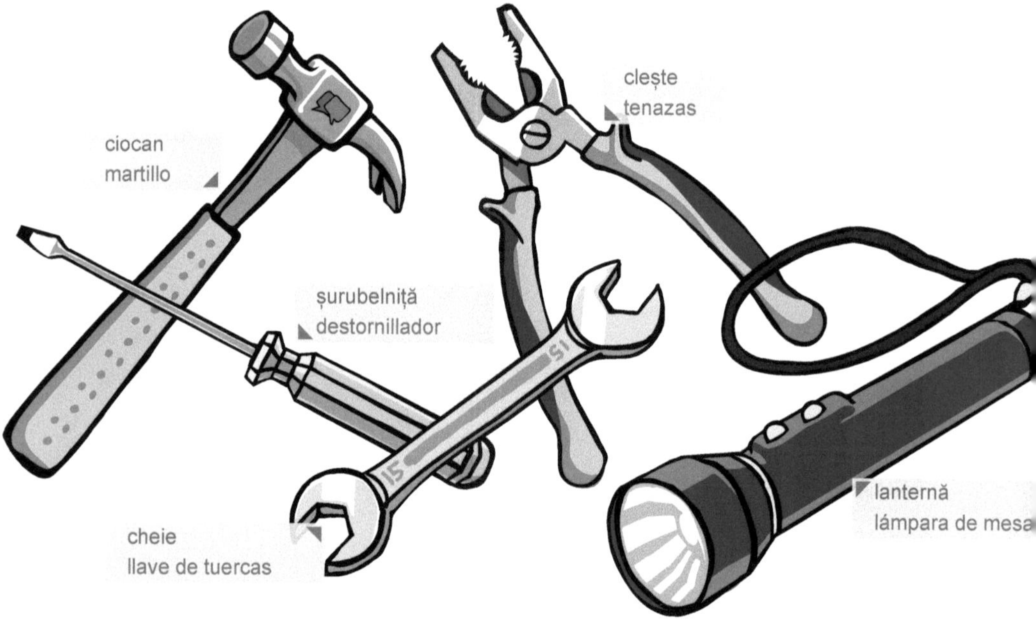
ciocan
martillo
clește
tenazas
șurubelniță
destornillador
cheie
llave de tuercas
lanternă
lámpara de mesa

excavator
excavadora

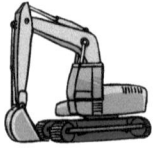

cutie de scule
caja de herramientas

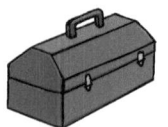

scară
escalerilla

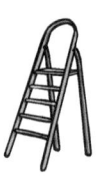

ferăstrău
serrucho

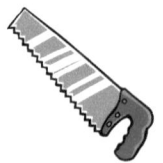

cuie
clavos

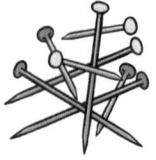

burghiu
taladro

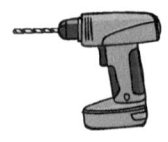

a repara
....
reparar

lopată
....
pala

La naiba!
....
¡Maldición!

făraș
....
recogedor

vas pentru vopsea
....
lata de pintura

șuruburi
....
tornillos

instrumente muzicale

instrumentos musicales

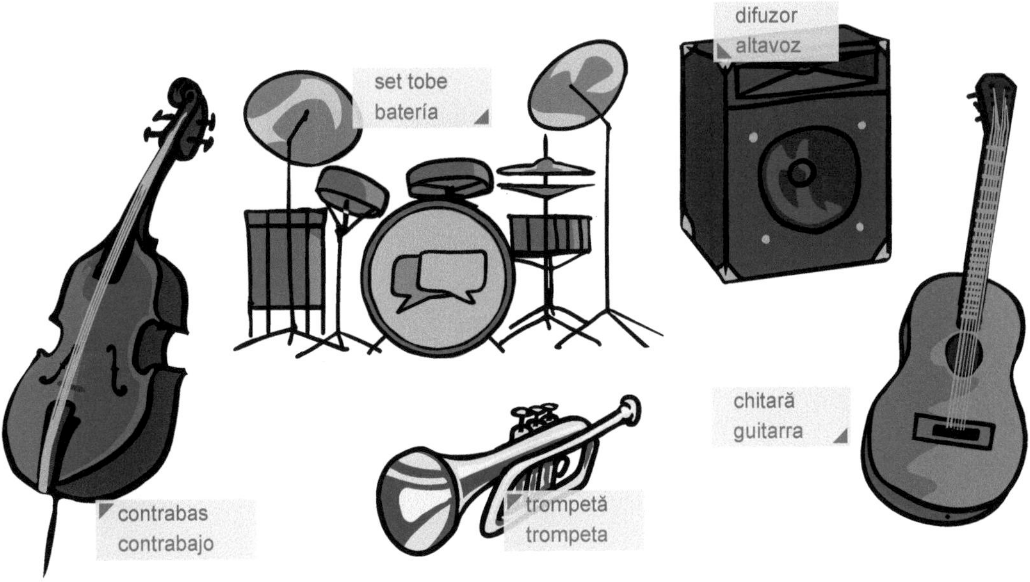

difuzor
altavoz

set tobe
batería

chitară
guitarra

contrabas
contrabajo

trompetă
trompeta

pian

piano

vioară

violín

bas

bajo

trombon

timbales

tobă

tambor

keyboard

teclado

saxofon

saxofón

fluier

flauta

microfon

micrófono

grădină zoologică
zoológico

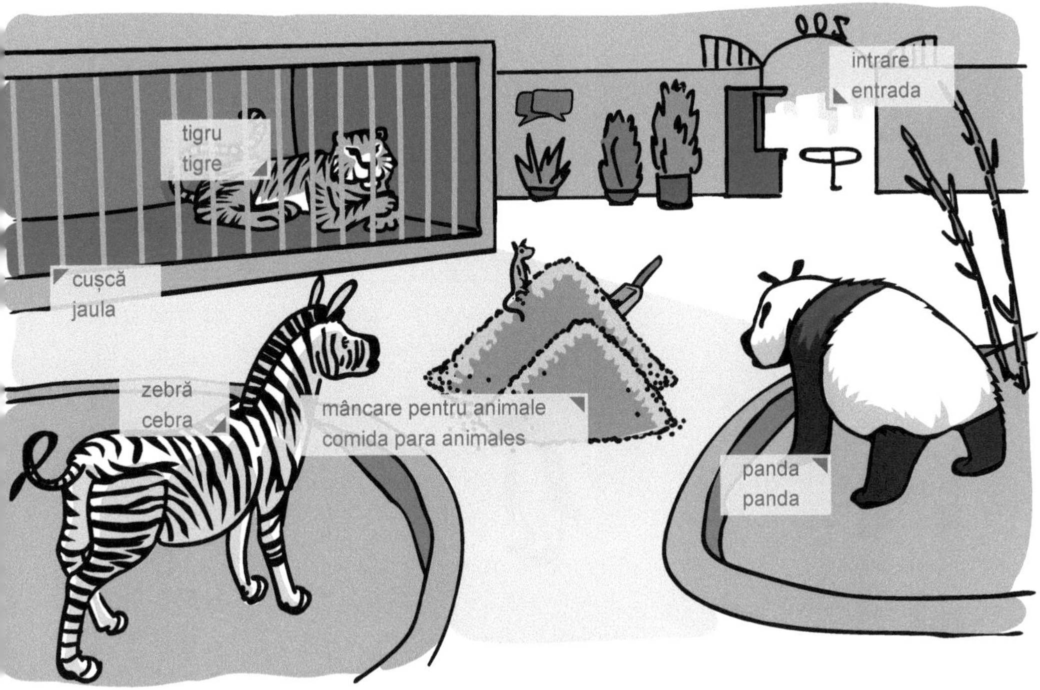

tigru
tigre
intrare
entrada
cușcă
jaula
zebră
cebra
mâncare pentru animale
comida para animales
panda
panda

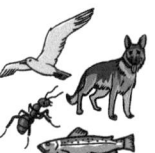

animale
animales

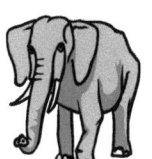

elefant
elefante

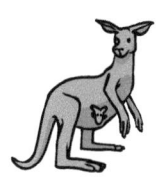

cangur
canguro

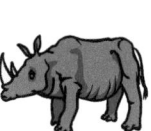

rinocer
rinoceronte

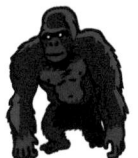

gorilă
gorila

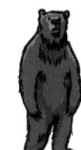

urs
oso

cămilă
camello

struț
avestruz

leu
león

maimuță
mono

flamingo
flamengo

papagal
papagayo

urs polar
oso polar

pinguin
pingüino

rechin
tiburón

păun
pavo real

șarpe
serpiente

crocodil
cocodrilo

îngrijitor grădina zoologică
cuidador del zoológico

focă
foca

jaguar
jaguar

ponei

pony

leopard

leopardo

hipopotam

hipopótamo

girafă

jirafa

acvilă

águila

porc mistreț

jabalí

pește

pescado

broască țestoasă

tortuga

morsă

morsa

vulpe

zorro

gazelă

gacela

fotbal american
fútbol americano

ciclism
ciclismo

tenis
tenis

basketball
baloncesto

înot
natación

box
boxeo

hockey pe gheață
hockey sobre hielo

fotbal
fútbol

badminton
badminton

atletism
atletismo

handbal
balonmano

schi
esquí

polo
polo

activități
actividades

a sări
saltar
a îmbrățișa
abrazar
a râde
reír
a merge
caminar
a cânta
cantar
a visa
soñar
a se ruga
rezar
a săruta
besar

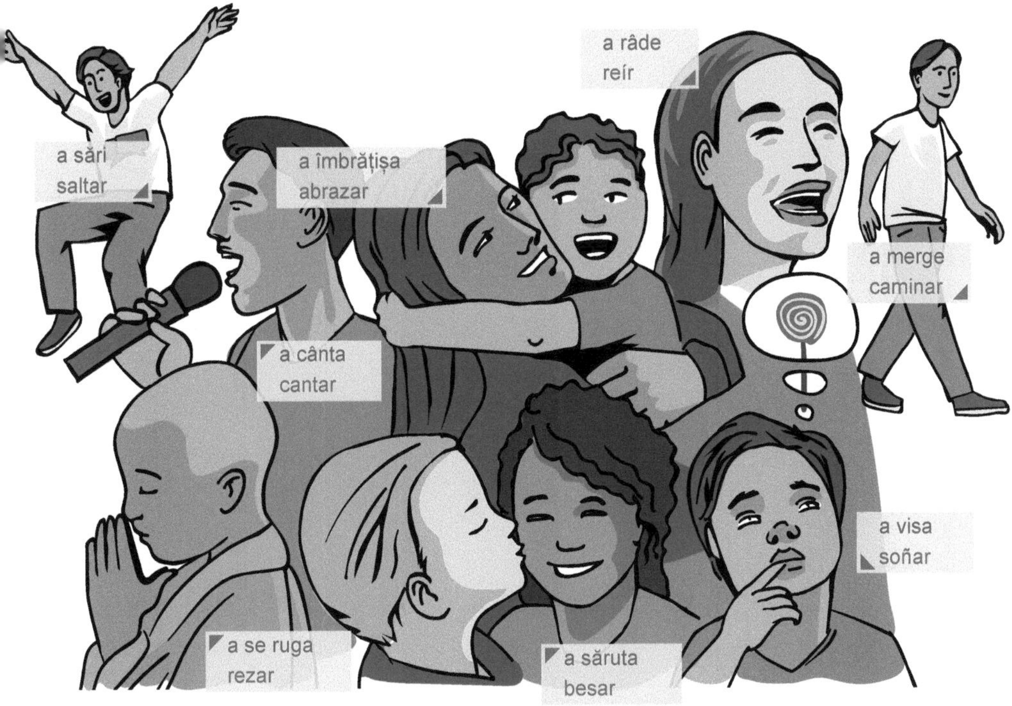

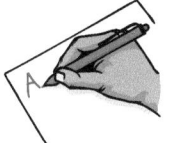

a scrie
escribir

a desena
dibujar

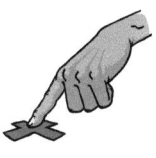

a arăta
mostrar

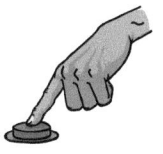

a împinge
presionar

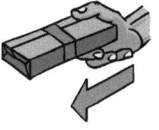

a da
dar

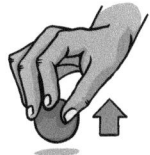

a lua
tomar

a avea
tener

a face
hacer

a fi
ser

a sta în picioare
estar de pie

a fugi
correr

a trage
tirar

a arunca
arrojar

a cădea
caer

a sta întins
estar acostado

a aștepta
esperar

a purta
llevar

a ședea
estar sentado

a se îmbrăca
vestirse

a dormi
dormir

a se trezi
despertar

a privi

mirar

a plânge

llorar

a mângâia

acariciar

a se pieptăna

peinarse

a vorbi

conversar

a înţelege

entender

a întreba

preguntar

a asculta

oír

a bea

beber

a mânca

comer

a face ordine

asear

a iubi

amar

a găti

cocinar

a conduce

conducir

a zbura

volar

a naviga

navegar

a calcula

calcular

a citi

leer

a învăţa

aprender

a munci

trabajar

a se căsători

casarse

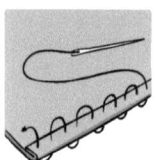

a coase

coser

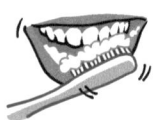

a se spăla pe dinţi

limpiarse los dientes

a ucide

matar

a fuma

fumar

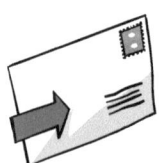

a trimite

enviar

bunică
abuela

bunic
abuelo

tată
padre

mamă
madre

bebeluș
bebé

soră
hija

fiu
hijo

oaspete
....
invitado

mătușă
....
tía

unchi
....
tío

frate
....
hermano

soră
....
hermana

corp
cuerpo

frunte
frente
ochi
ojo
față
cara
bărbie
barbilla
piept
pecho
deget
dedo
mână
mano
braț
brazo
umăr
hombro
picior
pierna

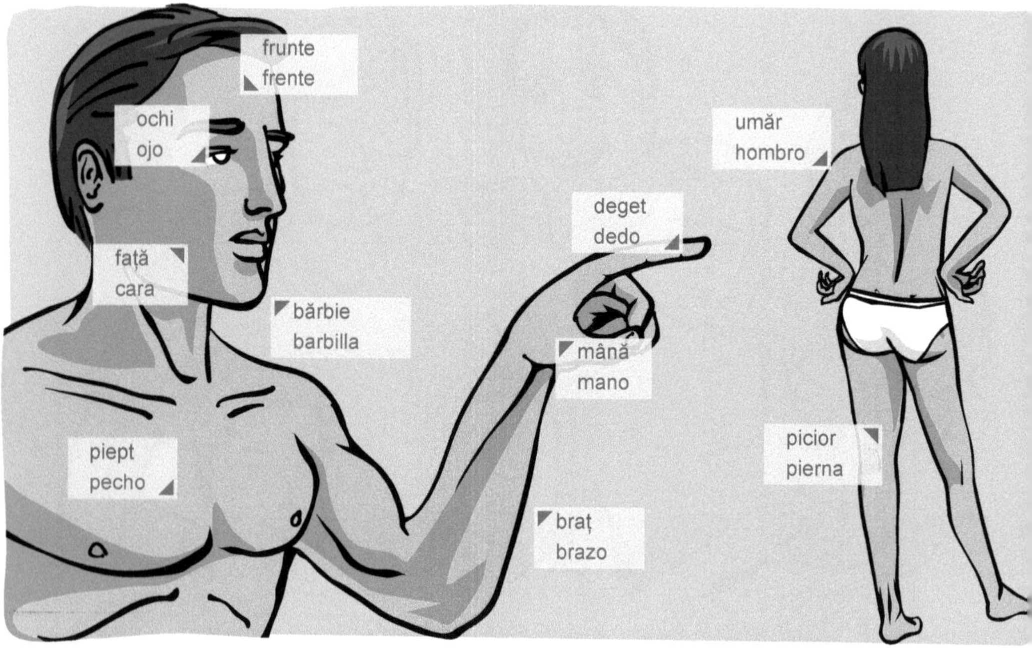

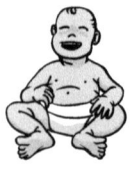

bebeluș
bebé

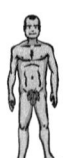

bărbat
hombre

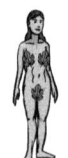

femeie
mujer

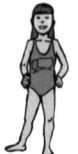

fată
muchacha

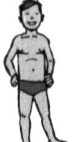

băiat
joven

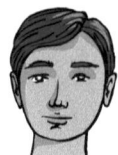

cap
cabeza

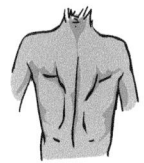

spate
espalda

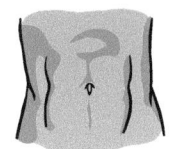

abdomen
vientre

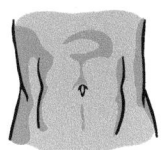

ombilic
ombligo

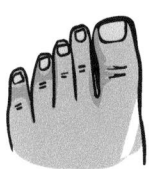

deget de la picior
dedo del pie

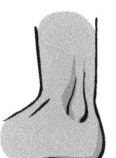

călcâi
talón

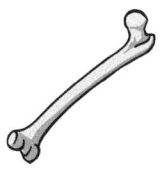

os
hueso

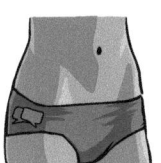

șold
cadera

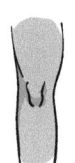

genunchi
rodilla

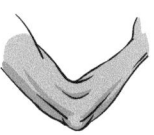

cot
codo

nas
nariz

fund
trasero

piele
piel

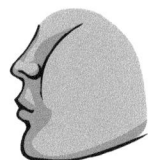

obraz
mejilla

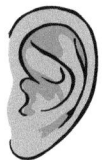

ureche
oreja

buză
labio

corp - cuerpo

gură
boca

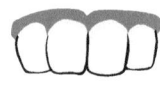

dinte
diente

limbă
lengua

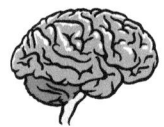

creier
cerebro

inimă
corazón

mușchi
músculo

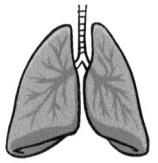

plămân
pulmón

ficat
hígado

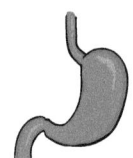

stomac
estómago

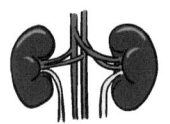

rinichi
riñones

sex
relación sexual

prezervativ
condón

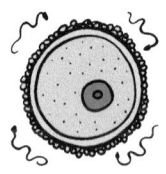

ovul
Óvulo

spermă
esperma

sarcină
embarazo

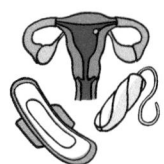

menstruație
menstruación

vagin
vagina

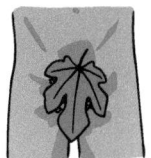

penis
pene

sprânceană
ceja

păr
cabello

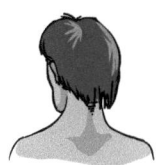

gât
cuello

spital
hospital

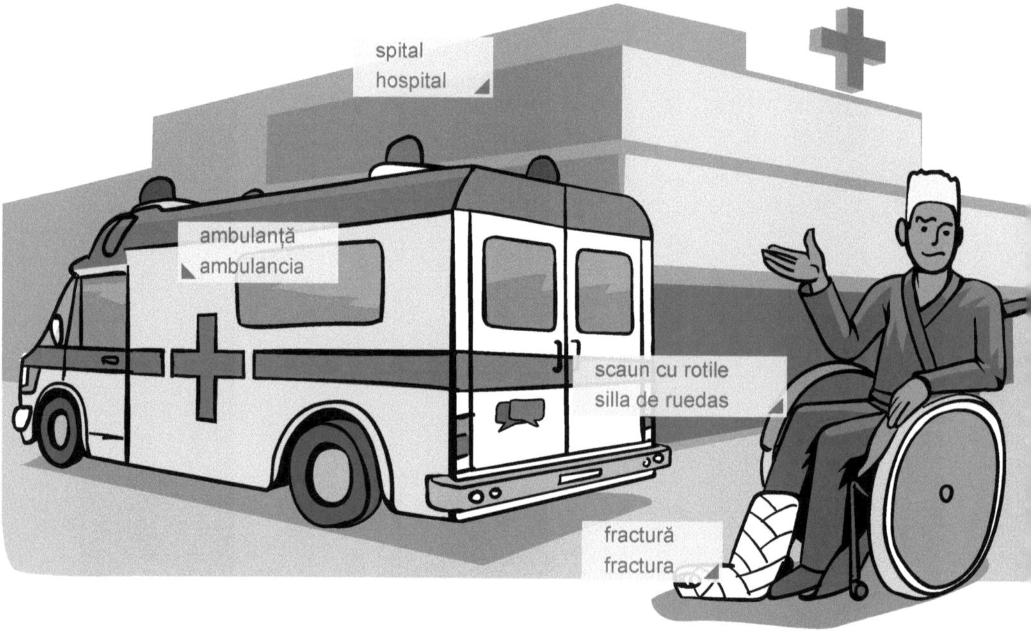

spital
hospital
ambulanță
ambulancia
scaun cu rotile
silla de ruedas
fractură
fractura

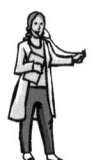

medic
médico

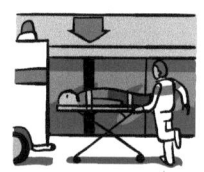

unitate de primiri urgențe
admisión de urgencia

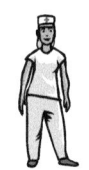

soră medicală
enfermera

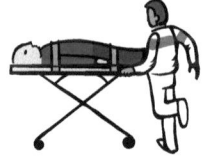

urgență
emergencia

inconștient
inconsciente

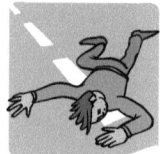

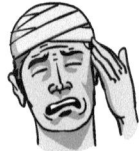

durere
dolor

leziune

lesión

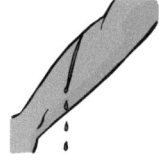

sângerare

hemorragia

infarct miocardic

infarto de miocardio

atac cerebral

apoplejía cerebral

alergie

alergia

tuse

tos

febră

fiebre

gripă

gripe

diaree

diarrea

durere de cap

dolor de cabeza

cancer

cáncer

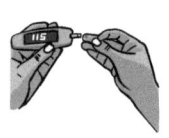

diabet

diabetes

chirurg

cirujano

scalpel

escalpelo

operaţie

operación

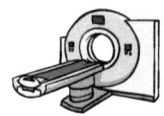

CT
TC

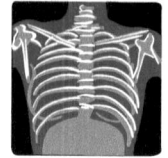

raze Röntgen
rayos X

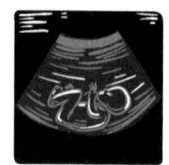

ultrasunet
ultrasonido

mască
máscara

boală
enfermedad

sală de așteptare
sala de espera

cârjă
muleta

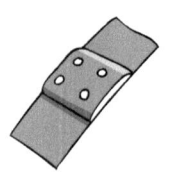

plasture
emplasto

bandaj
vendaje

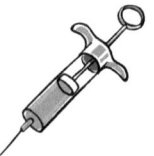

injecție
inyección

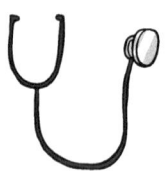

stetoscop
estetoscopio

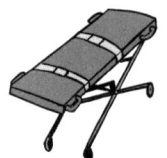

targă
camilla

termometru
termómetro

naștere
nacimiento

supraponderabilitate
sobrepeso

aparat auditiv

audífono

dezinfectant

desinfectante

infecţie

infección

virus

virus

HIV/SIDA

VIH / SIDA

medicină

medicina

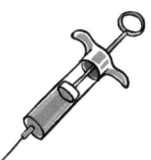

vaccin

vacunación

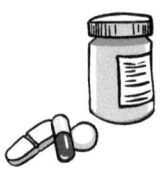

tablete

comprimido

pastilă

píldora anticonceptiva

apel de urgenţă

llamada de emergencia

aparat de măsurare a
presiunii arteriale

medidor de presión arterial

bolnav/sănătos

enfermo / saludable

Ajutor!

¡Ayuda!

alarmă

alarma

agresiune

asalto

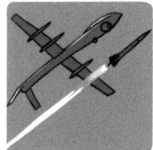

atac

ataque

pericol

peligro

ieșire de urgență

salida de emergencia

Foc!

¡Fuego!

extinctor

extintor

accident

accidente

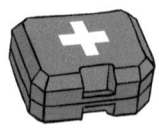

trusă de prim-ajutor

kit de primeros auxilios

SOS

SOS

poliție

Policía

Europa

Europa

America de Nord

América del Norte

America de Sud

América del Sur

Africa

África

Asia

Asia

Australia

Australia

Altantic

Atlántico

Pacific

Pacífico

Oceanul Indian

Océano Índico

Oceanul Antarctic

Océano Antártico

Oceanul Arctic

Océano Ártico

Polul Nord

Polo Norte

Polul Sud

Polo Sur

Antarctica

Antártida

pământ

Tierra

țară

país

mare

mar

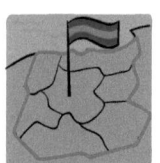

insulă

isla

națiune

nación

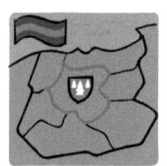

stat

Estado

cadran
cuadrante

orar
horario

minutar
minutero

secundar
segundero

Cât e ceasul?
¿Qué hora es?

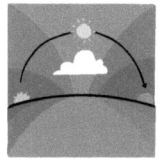

zi
día

timp
tiempo

acum
ahora

cead digital
reloj digital

minut
minuto

oră
hora

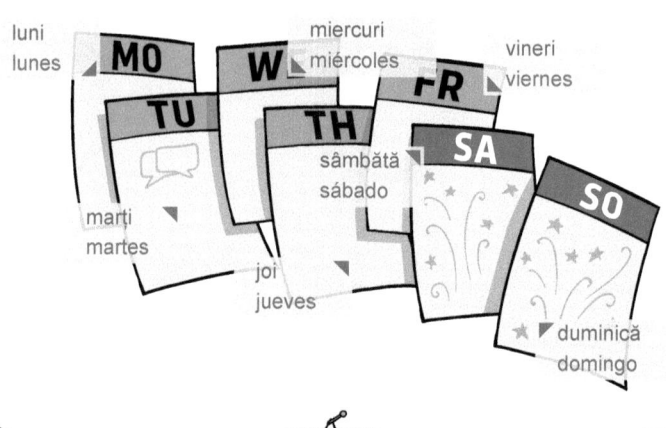

luni
lunes

miercuri
miércoles

vineri
viernes

marti
martes

sâmbătă
sábado

joi
jueves

duminică
domingo

ieri

ayer

azi

hoy

mâine

mañana

dimineață

mañana

amiază

mediodía

seară

tarde

zile lucrătoare

jornada de trabajo

week-end

fin de semana

an

año

ploaie
lluvia
curcubeu
arco iris
zăpadă
nieve
vânt
viento
primăvară
primavera
toamnă
otoño
vară
verano
iarnă
invierno

4.APRIL 11°
5.APRIL 4°
6.APRIL 13°
7.APRIL 8°
8.APRIL 10°

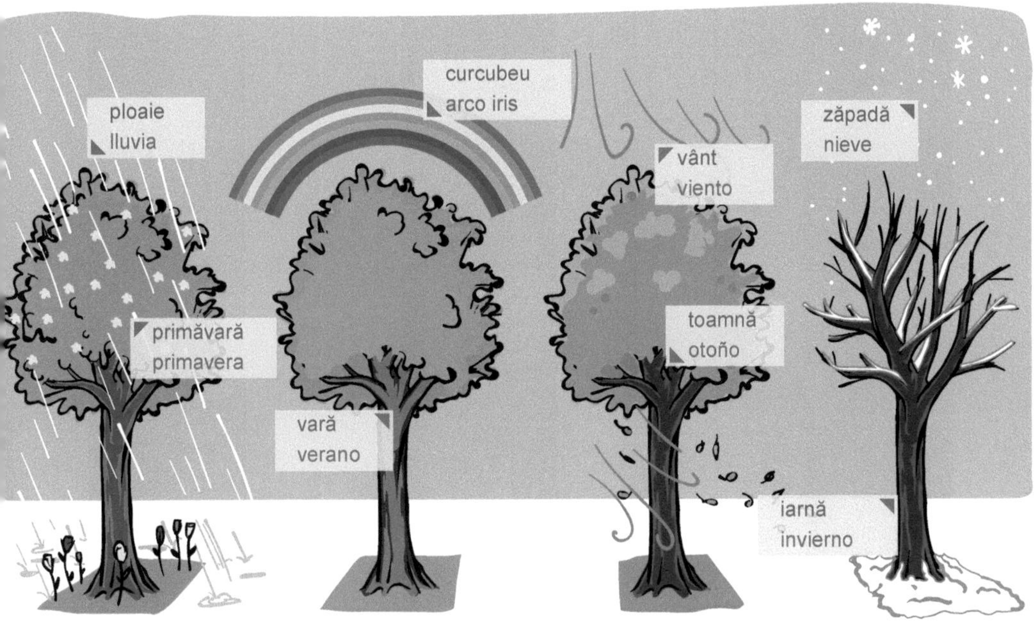

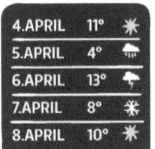

prognoză meteo

pronóstico meteorológico

F C
120 40
90 30
60 20
30 10
0 0
-30 -10
-20

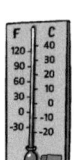

termometru

termómetro

lumina soarelui

luz solar

nor

nube

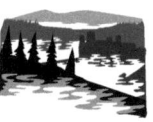

ceață

niebla

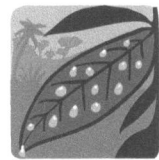

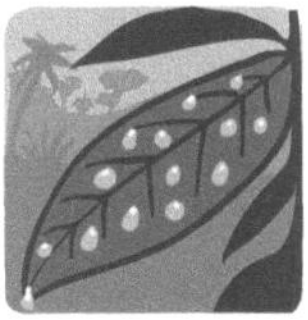

umiditate a aerului

humedad ambiente

fulger

relámpago

tunet

trueno

furtună

tormenta

grindină

granizo

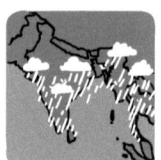

muson

monzón

inundaţie

inundación

gheaţă

hielo

ianuarie

enero

februarie

febrero

martie

marzo

aprilie

abril

mai

mayo

iunie

junio

iulie

julio

august

agosto

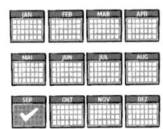

septembrie
....
septiembre

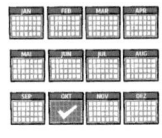

octombrie
....
octubre

noiembrie
....
noviembre

decembrie
....
diciembre

forme
formas

cerc
....
círculo

pătrat
....
cuadrado

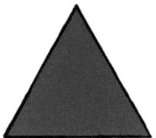

dreptunghi
....
rectángulo

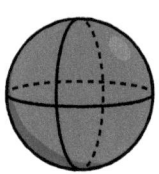

triunghi
....
triángulo

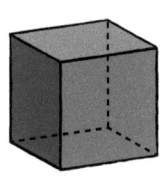

sferă
....
esfera

cub
....
cubo

alb

blanco

galben

amarillo

portocaliu

anaranjado

roz

rosa

roşu

rojo

violet

lila

albastru

azul

verde

verde

maro

marrón

gri

gris

negru

negro

mult/puțin

mucho / poco

furios/calm

enojado / calmado

frumos/urât

bonito / feo

început/sfârșit

comienzo / fin

mare/mic

grande / pequeño

luminos/întunecat

claro / oscuro

frate/soră

hermano / hermana

curat/murdar

limpio / sucio

complet/incomplet

completo / incompleto

zi/noapte

día / noche

mort/viu

muerto / vivo

lat/strâmt

ancho / angosto

comestibil/necomestibil

disfrutable / no disfrutable

rău/prietenos

malo / amigable

emoționat/plictisit

excitado / aburrido

gras/slab

gordo / delgado

primul/ultimul

primero / último

prieten/inamic

amigo / enemigo

plin/gol

lleno / vacío

tare/moale

duro / suave

greu/ușor

pesado / liviano

foame/sete

hambre / sed

bolnav/sănătos

enfermo / saludable

ilegal/legal

ilegal / legal

inteligent/stupid

inteligente / tonto

stânga/drepta

izquierda / derecha

aproape/departe

cercano / lejano

nou/uzat

nuevo / usado

pornit/oprit

encendido / apagado

nimic/ceva

nada / algo

deschis/închis

abierto / cerrado

bătrân/tânăr

viejo / joven

corect/fals

correcto / incorrecto

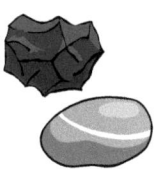

încet/tare

bajo / fuerte

aspru/neted

áspero / liso

bogat/sărac

rico / pobre

lung/scurt

breve / extenso

încet/repede

lento / veloz

trist/fericit

triste / alegre

cald/rece

caliente / frío

război/pace

guerra / paz

ud/uscat

mojado / seco

0	**1**	**2**
zero	unu	doi
cero	uno	dos

3	**4**	**5**
trei	patru	cinci
tres	cuatro	cinco

6	**7**	**8**
șase	șapte	opt
seis	siete	ocho

9	**10**	**11**
nouă	zece	unsprezece
nueve	diez	once

12

douăsprezece

doce

13

treisprezece

trece

14

paisprezece

catorce

15

cincisprezece

quince

16

șaisprezece

dieciséis

17

șaptesprezece

diecisiete

18

optsprezece

dieciocho

19

nouăsprezece

diecinueve

20

douăzeci

veinte

100

o sută

cien

1.000

o mie

mil

1.000.000

un milion

millón

engleză

inglés

engleză americană

inglés estadounidense

chineza mandarină

chino mandarín

hindi

hindi

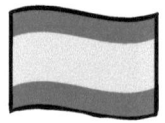

spaniolă

español

franceză

francés

arabă

árabe

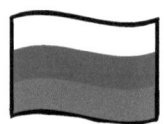

rusă

ruso

protugheză

portugués

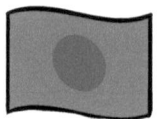

bengaleză

bengalí

germană

alemán

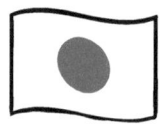

japoneză

japonés

eu

yo

tu

tú

el/ea

él / ella

noi

nosotros

voi

vosotros

ea

ellos

cine?

¿quién?

ce?

¿qué?

cum?

¿cómo?

unde?

¿dónde?

când?

¿cuándo?

nume

nombre

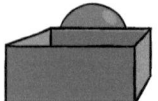

în spate

detrás

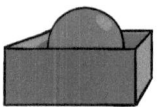

în

en

înainte

delante de

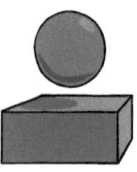

peste

encima de

pe

sobre

sub

debajo de

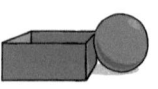

lângă

junto a

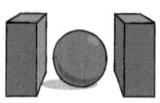

între

entre

loc

lugar

school - shkolla	2
travel - udhëtim	5
transport - transport	8
city - qytet	10
landscape - peisazh	14
restaurant - restorant	17
supermarket - supermarket	20
drinks - pije	22
food - ushqim	23
farm - fermë	27
house - shtëpi	31
living room - dhomë ndenjeje	33
kitchen - kuzhinë	35
bathroom - tualet	38
kids room - dhomë fëmijësh	42
clothing - veshje	44
office - zyrë	49
economy - ekonomi	51
occupations - profesionet	53
tools - mjete	56
musical instruments - instrumenta muzikorë	57
zoo - kopsht zoologjik	59
sports - sportet	62
activities - aktivitet	63
family - familje	67
body - trupi	68
hospital - spital	72
emergency - emergjencë	76
earth - toka	77
clock - orë	79
week - javë	80
year - vit	81
shapes - forma	83
colors - ngjyra	84
opposites - të kundërta	85
numbers - numra	88
languages - gjuhët	90
who / what / how - kush / çfarë / si	91
where - ku	92

AF189556

Impressum
Verlag: BABADADA GmbH, Nedderfeld 112 , 22529 Hamburg
Geschäftsführer / Verlagsleitung: Harald Hof
Druck: Books on Demand GmbH, In de Tarpen 42, 22848 Norderstedt

Imprint
Publisher: BABADADA GmbH, Nedderfeld 112 , 22529 Hamburg, Germany
Managing Director / Publishing direction: Harald Hof
Print: Books on Demand GmbH, In de Tarpen 42, 22848 Norderstedt

1

school
shkolla

classroom
klasa

divide
pjesëtim

186/2

board
tabela

school yard
oborr shkolle

teacher
mësues

paper
letër

write
shkruaj

pen
stilolaps

desk
tavolinë

ruler
vizore

book
libri

pupil
nxënës

satchel

çantë

pencil case

mbajtëse lapsash

pencil

laps

pencil sharpener

mprehës lapsash

rubber

gomë

drawing pad

fletore vizatimi

drawing

vizatim

paintbrush

penel

paint box

kuti bojërash

scissors

gërshërë

glue

ngjitës

exercise book

fletore detyrash

homework

detyrë shtëpie

12

number

numër

2+2

add

mbledh

5-2

subtract

zbres

2×2

multiply

shumëzoj

calculate

llogaris

letter

gërmë

ABCDEFG HIJKLMN OPQRSTU VWXYZ

alphabet

alfabeti

word

fjalë

text
tekst

read
lexoj

chalk
shkumës

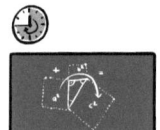

lesson
mësim

register
regjistër

examination
provim

certificate
çertifikatë

school uniform
uniformë shkolle

education
arsimim

encyclopedia
enciklopedia

university
universitet

microscope
mikroskop

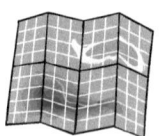

map
hartë

waste-paper basket
kosh letrash

travel
udhëtim

hotel
hotel
Grand
hostel
bujtinë
ROOMS
EXCHANGE
currency exchange office
pikë këmbimi valutor
car
makinë

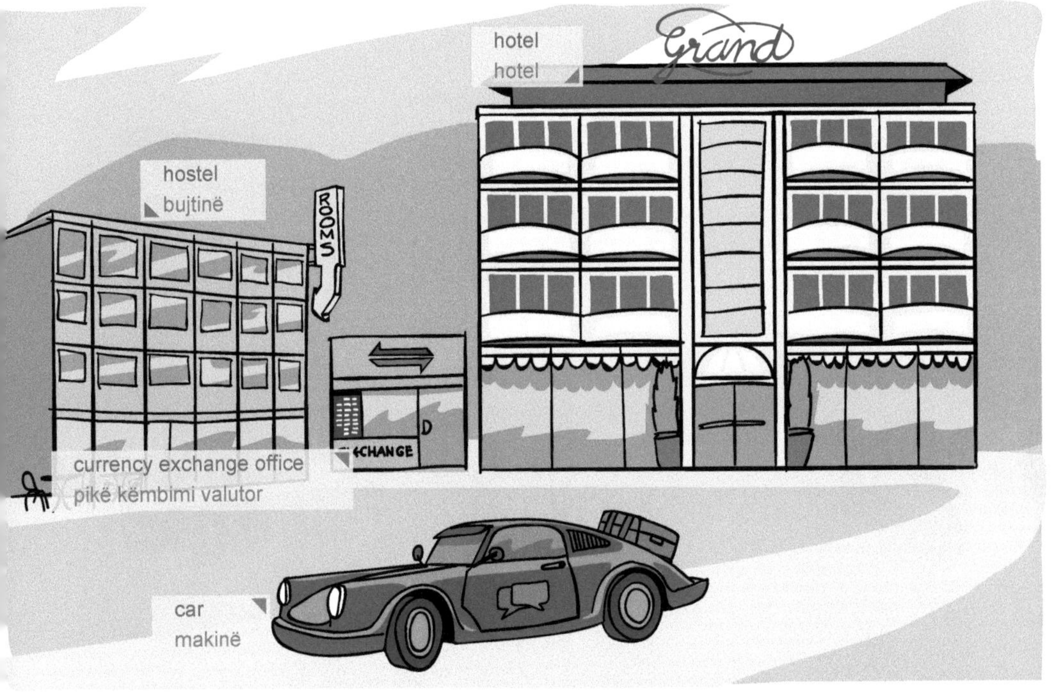

language

gjuhë

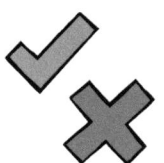

yes / no

po / jo

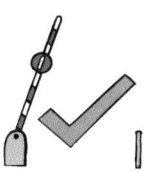

Okay

Në rregull

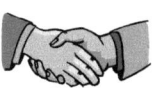

hello

ç'kemi

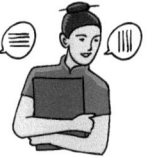

translator

përkthyes

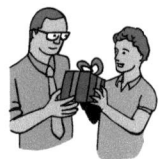

Thank you

Faleminderit

how much is…?

sa kushton…?

I don´t get it

nuk e kuptoj

problem

problem

Good evening!

Mirëmbrëma!

Good morning!

Mirëmëngjes!

Good night!

Natën e mirë!

goodbye

mirupafshim

direction

drejtim

luggage

bagazhet

bag

çantë

backpack

çantë shpine

guest

mysafir

room

dhomë

sleeping bag

thes gjumi

tent

tendë

tourist information

informacion për turistët

beach

plazh

credit card

kartë krediti

breakfast

mëngjes

lunch

drekë

dinner

darkë

Ticket

Biletë

elevator

ashensor

stamp

pulla

border

kufi

customs

doganë

embassy

ambasadë

visa

vizë

passport

pasaportë

transport

transport

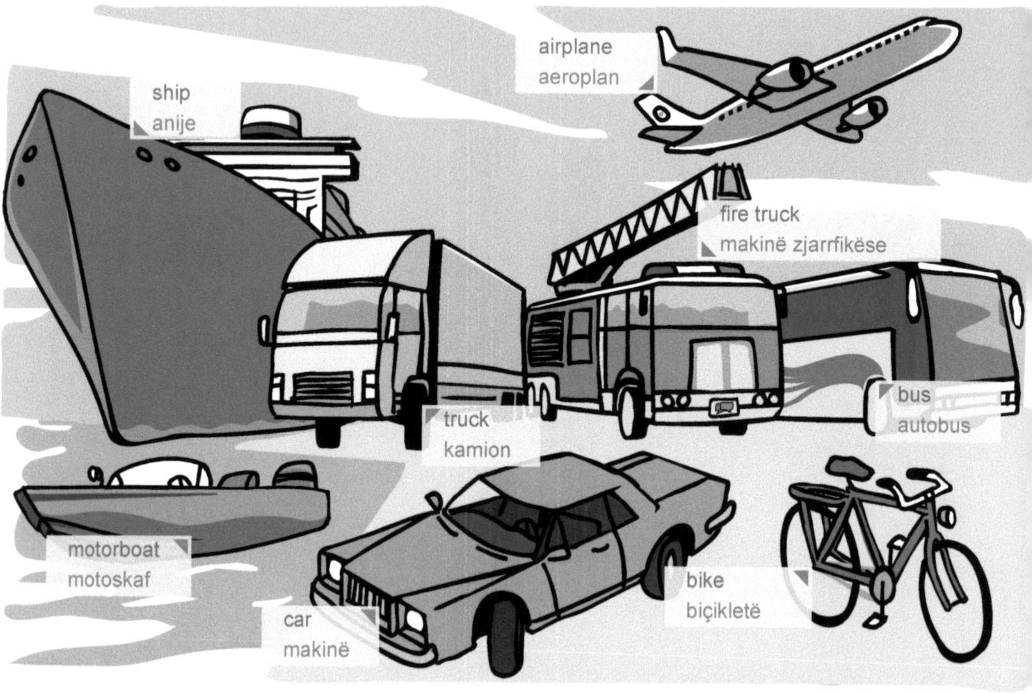

airplane
aeroplan
ship
anije
fire truck
makinë zjarrfikëse
truck
kamion
bus
autobus
motorboat
motoskaf
car
makinë
bike
biçikletë

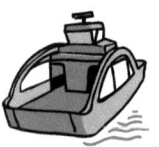

ferry

traget

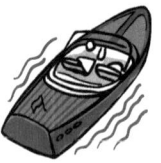

boat

varkë

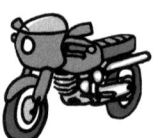

motorbike

motoçikletë

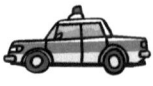

police car

makinë policie

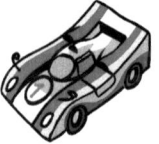

racing car

makinë garash

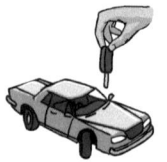

rental car

makinë me qira

car sharing

ndarje e qirasë së makinës

tow truck

karroatrec

garbage truck

makinë plehrash

engine

motor

fuel

benzinë

fuel station

pikë karburanti

traffic sign

sinjalistikë trafiku

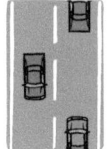

traffic

trafik

traffic jam

bllokim trafiku

parking lot

parkim makinash

train station

stacion treni

tracks

trase

train

tren

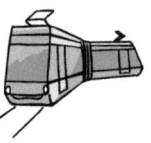

tram

tramvaj

wagon

karro

helicopter

helikopter

airport

aeroport

tower

kullë

passenger

pasagjer

container

kontenier

carton

kuti kartoni

cart

qerre

basket

shportë

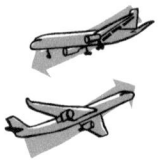

take off / land

ngrihem / ulem

city

qytet

village

fshat

city center

qendra e qytetit

house

shtëpi

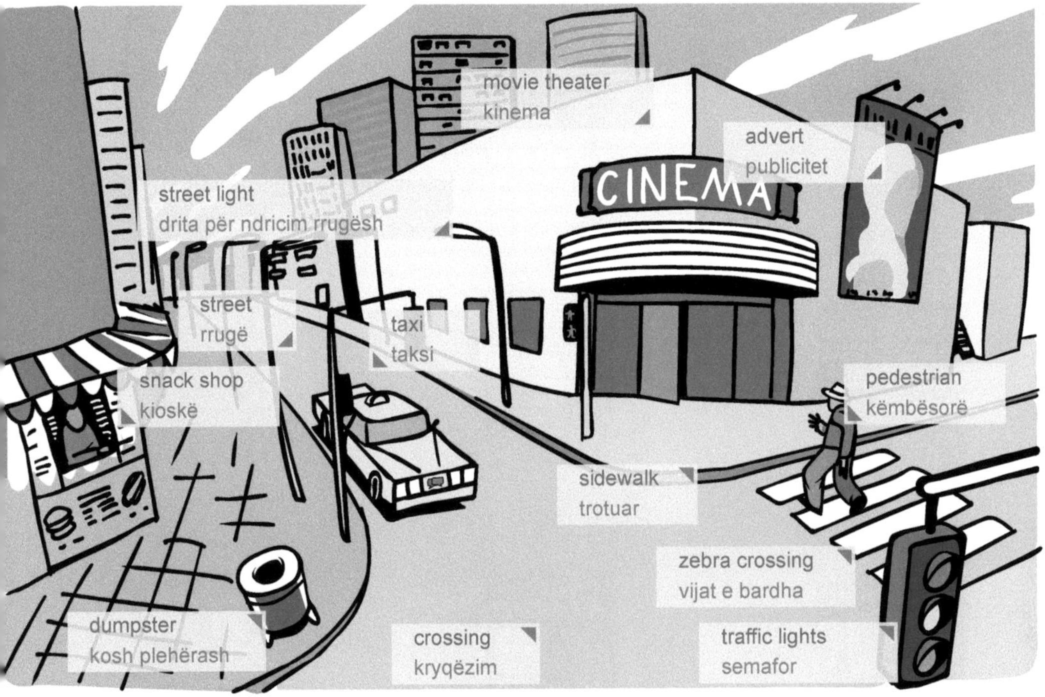

movie theater
kinema

advert
publicitet

street light
drita për ndricim rrugësh

CINEMA

street
rrugë

taxi
taksi

snack shop
kioskë

pedestrian
këmbësorë

sidewalk
trotuar

zebra crossing
vijat e bardha

dumpster
kosh plehërash

crossing
kryqëzim

traffic lights
semafor

hut
kasolle

apartment
apartament

train station
stacion treni

city hall
bashki

museum
muze

school
shkolla

university

universitet

bank

bankë

hospital

spital

hotel

hotel

pharmacy

farmaci

office

zyrë

book shop

librari

shop

dyqan

flower shop

dyqan lulesh

supermarket

supermarket

market

market

department store

mapo

fishmonger's shop

dyqan peshku

mall

qëndër tregtare

harbor

port

park

park

bench

stol

bridge

urë

stairs

shkallë

subway

metro

tunnel

tunel

bus stop

stacion autobuzi

bar

bar

restaurant

restorant

postbox

kuti postare

street sign

sinjalistikë rrugore

parking meter

kohëmatës parkimi

zoo

kopsht zoologjik

swimming pool

pishinë

mosque

xhami

farm

fermë

pollution

ndotje

cemetery

varrezë

church

kishë

playground

shesh lojërash

temple

tempull

landscape
peisazh

signpost
tabela orientuese

path
rrugë

meadow
livadh

stone
gurë

tree
pemë

hiker
ekskursionist

river
lumë

grass
bar

flower
lule

valley

luginë

hill

kodër

lake

liqen

forest

pyll

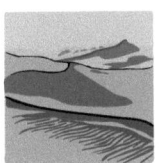

desert

shkretëtirë

volcano

vullkan

castle

kështjellë

rainbow

ylber

mushroom

kepudhë

palm tree

palmë

mosquito

mushkonjë

fly

mizë

ant

milingonë

bee

bletë

spider

merimangë

beetle

brumbull

frog

bretkosë

squirrel

ketër

hedgehog

iriq

hare

lepur

owl

buf

bird

zog

swan

mjellmë

boar

derr i egër

deer

dre

moose

dre brilopatë

dam

digë

wind turbine

turbinë ere

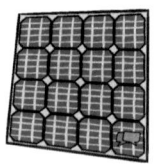

solar panel

panel diellor

climate

klimë

restaurant

restorant

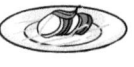

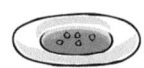

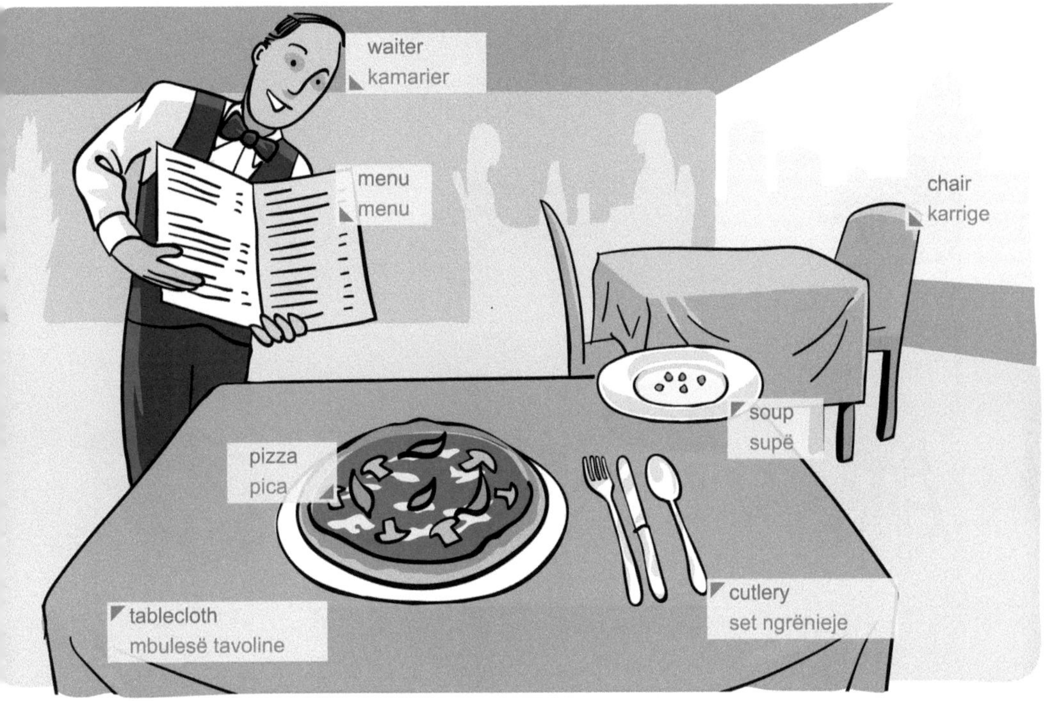
waiter
kamarier
menu
menu
chair
karrige
soup
supë
pizza
pica
cutlery
set ngrënieje
tablecloth
mbulesë tavoline

starter
pjatë e parë

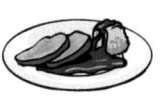

main course
pjatë kryesore

dessert
ëmbëlsirë

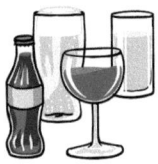

drinks
pije

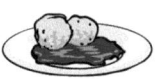

food
ushqim

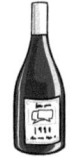

bottle
shishe

fast food

ushqim i shpejtë

street food

ushqim i shërbyer në rrugë

teapot

ibrik çaji

sugar bowl

kuti sheqeri

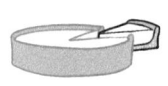

portion

racion

espresso machine

makinë kafeje ekspres

high chair

karrige e lartë

bill

faturë

tray

tabaka

knife

thika

fork

pirun

spoon

lugë

teaspoon

lugë çaji

serviette

pecetë

glass

gotë

plate

pjatë

soup plate

pjatë supe

saucer

pjatë filxhani

sauce

salcë

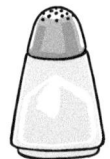

salt shaker

mbajtëse kripe

pepper mill

mulli piperi

vinegar

uthull

oil

vaj

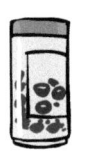

spices

erëza

ketchup

keçap

mustard

mustardë

mayonnaise

majonezë

supermarket

supermarket

special offer
ofertë speciale
FOR
customer
klient
dairy products
produkte bulmeti
fruit
frut
shopping cart
karrocë pazari

BUTCHERS

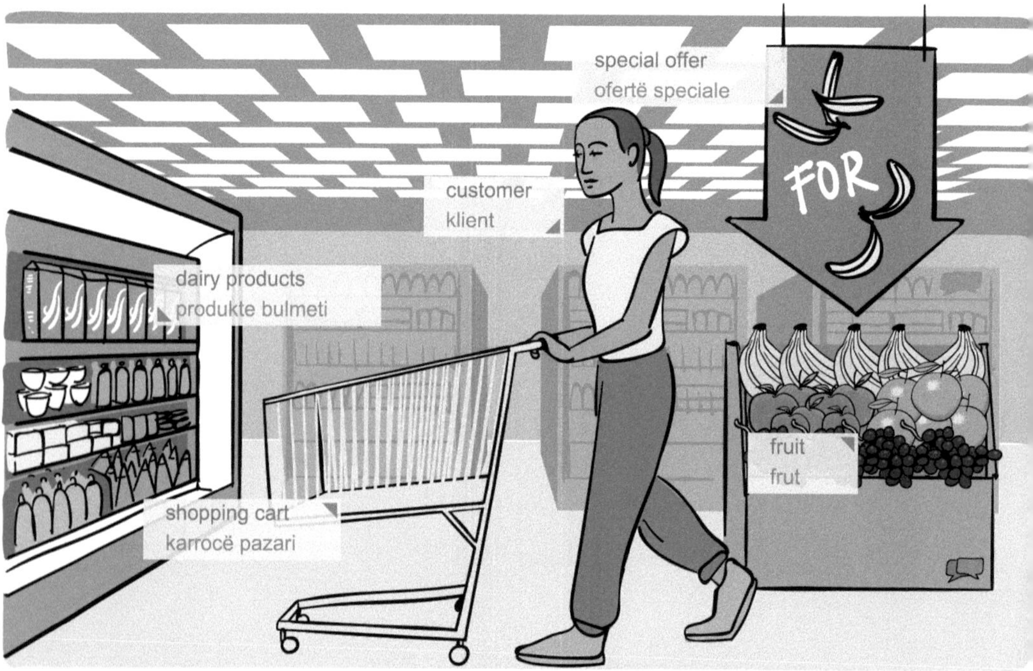

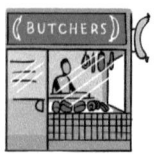

butcher's shop

dyqan mishi

BAKERY

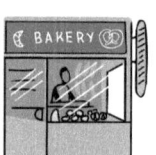

bakery

furrë buke

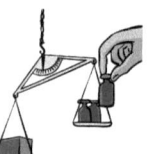

weigh

peshoj

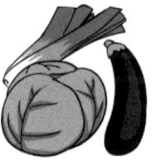

vegetables

perime

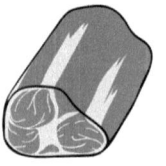

meat

mish

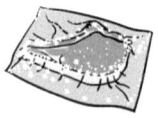

frozen food

ushqim i ngrirë

cold cuts
copë

canned food
ushqim i konservuar

detergent
pluhur larës

candy
ëmbëlsirat

household products
prodhime shtëpie

cleaning products
produkte pastrimi

sales representative
shitëse

cash register
kasë fiskale

cashier
arkëtar

shopping list
listë blerjeje

opening hours
oraret e punës

wallet
portofol

credit card
kartë krediti

bag
çantë

plastic bag
qese plastike

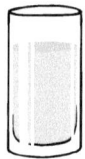

water

ujë

juice

lëng frutash

milk

qumësht

coke

koka-kola

wine

verë

beer

birrë

alcohol

alkool

cocoa

kakao

tea

çaj

coffee

kafe

espresso

kafe ekspres

cappuccino

kapuçino

banana

banane

apple

mollë

orange

portokalle

melon

pjepër

lemon

limon

carrot

karrotë

garlic

hudhër

bamboo

bambu

onion

qepë

mushroom

kërpudha

nuts

arra

noodles

makarona

spaghetti

spageti

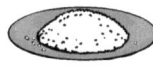

rice

oriz

salad

sallatë

fries

patate të skuqura

fried potatoes

patate të skuqura

pizza

pica

hamburger

hamburger

sandwich

sanduiç

escalope

shnicel

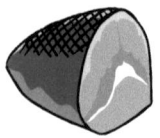

ham

proshutë

salami

sallam

sausage

salçiçe

chicken

pulë

roast

skuq

fish

peshk

food - ushqim

porridge oats

tërshërë

muesli

drithëra

cornflakes

kornfleiks

flour

miell

croissant

kruasant

bread roll

panine

bread

bukë

toast

tost

cookies

biskotë

butter

gjalp

curd

gjizë

cake

tortë

egg

vezë

fried egg

vezë sy

cheese

djathë

ice cream

akullore

sugar

sheqer

honey

mjaltë

jelly

marmaladë

nougat cream

çokokrem

curry

këri

farm

fermë

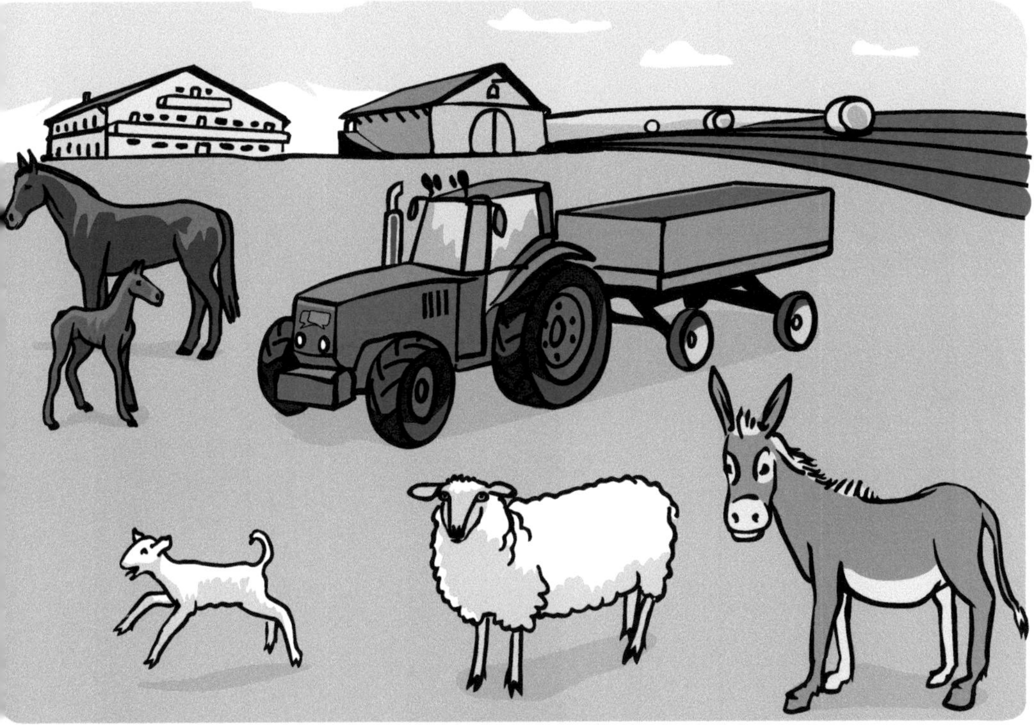

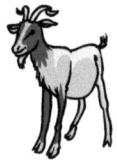

goat

dhi

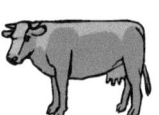

cow

lopë

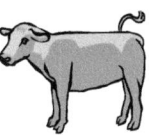

calf

viç

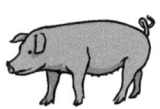

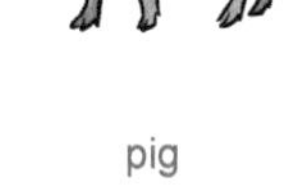

pig

derr

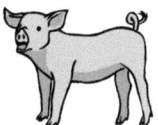

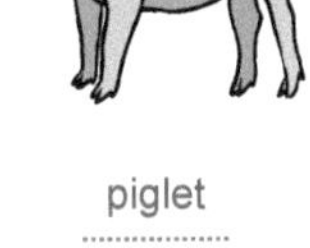

piglet

derrkuc

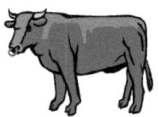

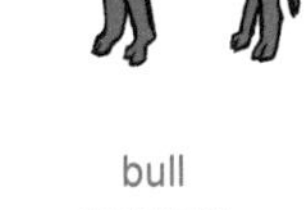

bull

dem

goose

patë

duck

rosë

chick

zog pule

hen

pulë

cockerel

gjel

rat

mi

cat

mace

mouse

mi

ox

buall

dog

qen

dog house

kolibe qeni

garden hose

zorrë vaditëse

watering can

vaditëse

scythe

kosë

plow

plug

sickle

drapër

hoe

shat

pitchfork

kosa

axe

sëpatë

pushcart

karrocë

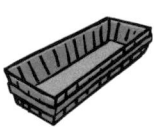

trough

govatë

milk can

bidon qumështi

sack

thes

fence

gardh

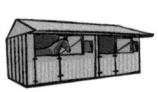

stable

ahur

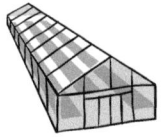

greenhouse

serë

soil

dhe

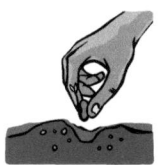

seed

farë

fertilizer

pleh

combine harvester

autokombanjë

harvest

korr

harvest

te korrat

yams

patate e ëmbël "Yam"

wheat

grurë

soya

soja

potato

patate

corn

misër

rapeseed

raps

fruit tree

pemë frutore

manioc

zhardhok manioku

grain

drithëra

living room

dhomë ndenjeje

bathroom

tualet

kitchen

kuzhinë

bedroom

dhomë gjumi

kids room

dhomë fëmijësh

dining room

dhomë ngrënieje

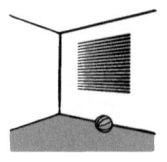

floor

dysheme

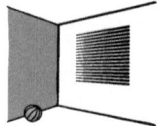

wall

mur

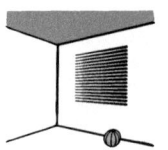

ceiling

tavan

cellar

bodrum

sauna

sauna

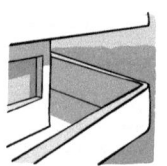

balcony

ballkon

terrace

tarracë

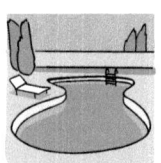

pool

pishinë

lawn mower

kositëse bari

sheet

çarçaf

bedspread

kuvertë

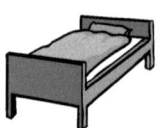

bed

krevat

broom

fshesë dore

bucket

kovë

switch

çelës

living room
dhomë ndenjeje

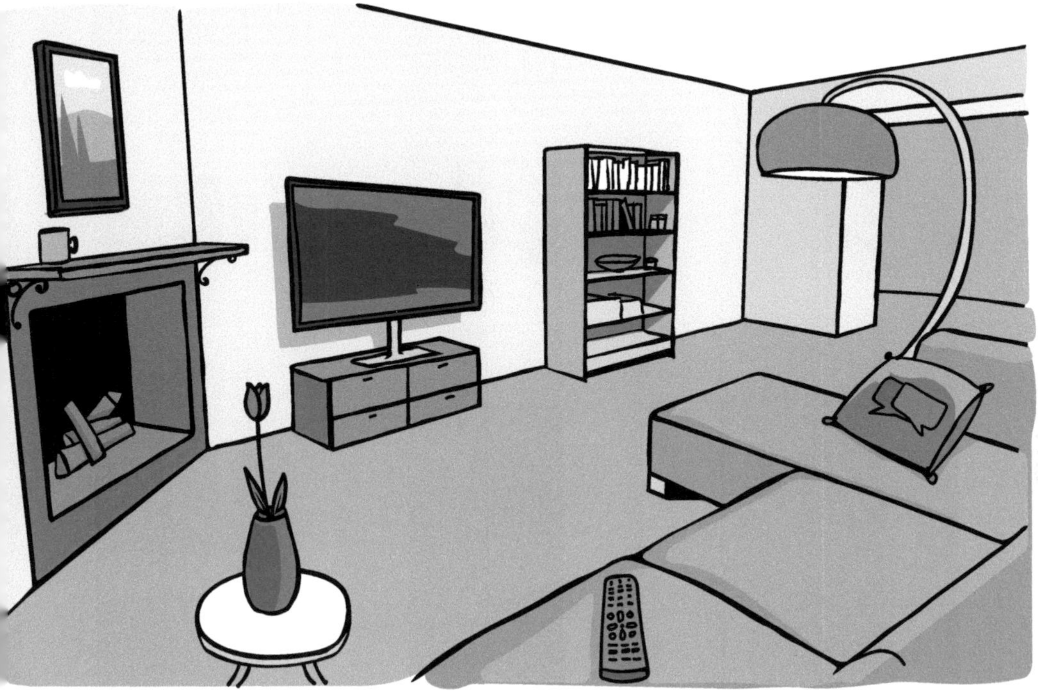

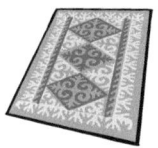

carpet
qilim

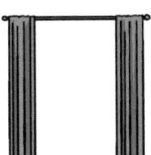

drape
perde

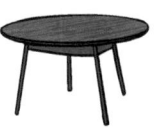

table
tavolinë

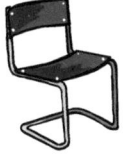

chair
karrige

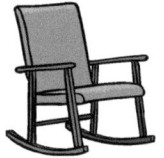

rocking chair
karrige lëkundëse

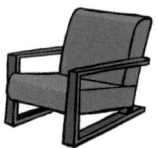

armchair
kolltuk

book

libri

blanket

batanije

decoration

zbukurime

firewood

dru zjarri

film

film

stereo system

stereo

key

çelës

newspaper

gazetë

painting

pikturë

poster

afishe

radio

radio

notebook

bllok shënimesh

vacuum cleaner

fshesë me korent

cactus

kaktus

candle

qiri

kitchen
kuzhinë

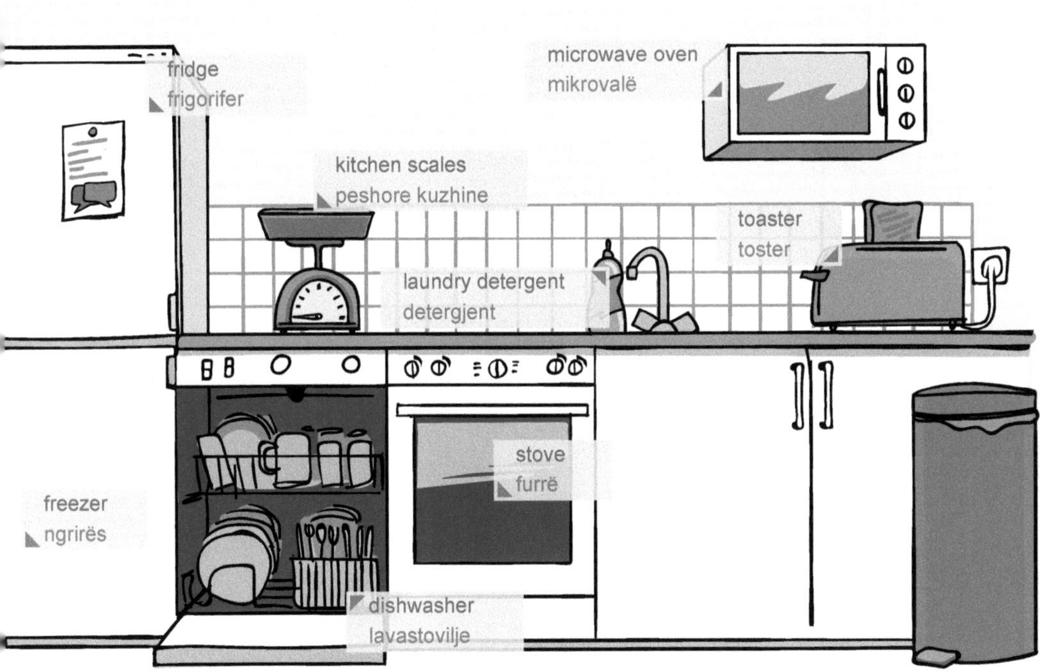

fridge
frigorifer
microwave oven
mikrovalë
kitchen scales
peshore kuzhine
toaster
toster
laundry detergent
detergjent
stove
furrë
freezer
ngrirës
dishwasher
lavastovilje

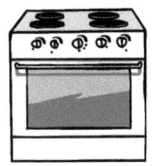

cooker

sobë

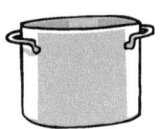

pot

tenxhere

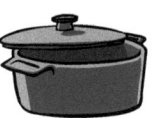

cast-iron pot

tenxhere me kapak

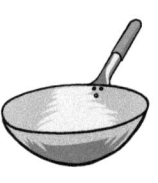

wok / kadai

tigan special (Wok)

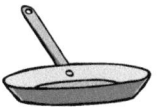

pan

tigan

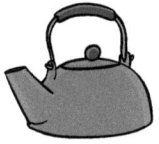

kettle

çajnik

steamer

tenxhere me avull

baking tray

tavë pjekjeje

crockery

enë

mug

filxhan

bowl

tas

chopsticks

shkopinj

ladle

garuzhde

spatula

spatul

whisk

tel kuzhine

strainer

kulluese

sieve

sitë

grater

rende

mortar

havan

barbecue

skarë

fireplace

zjarr

chopping board
dërrasë për prerje

rolling pin
okllai

corkscrew
heqëse tapash

can
kanaçe

can opener
hapëse kanaçeje

oven cloth
rrobë për të kapur
tenxheren

sink
lavaman

brush
furçë

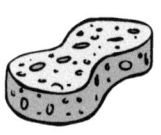

sponge
sfungjer

blender
përzjerës

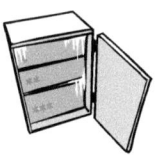

deep freezer
ngrirës

baby bottle
biberon për lëngje

tap
rubinet

bathroom
tualet

heating
ngrohje
towel
peshqirë
shower
dush
shower curtain
perde dushi
bubble bath
vaskë me shkumë
bathtub
vaskë
washing machine
lavatriçe
tiles
pllaka
potty
oturak
glass
gotë
tap
rubinet
sink
lavaman

toilet

tualet

squat toilet

WC e sheshtë

bidet

bide

urinal

tualet publik

toilet paper

letër higjienike

toilet brush

furçe për WC

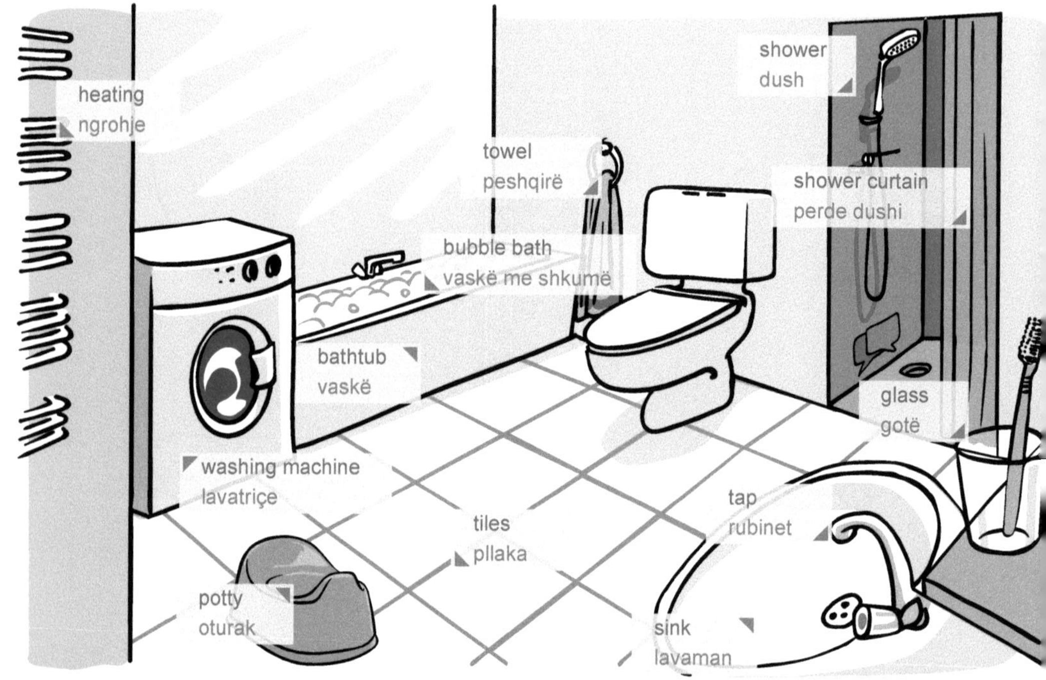

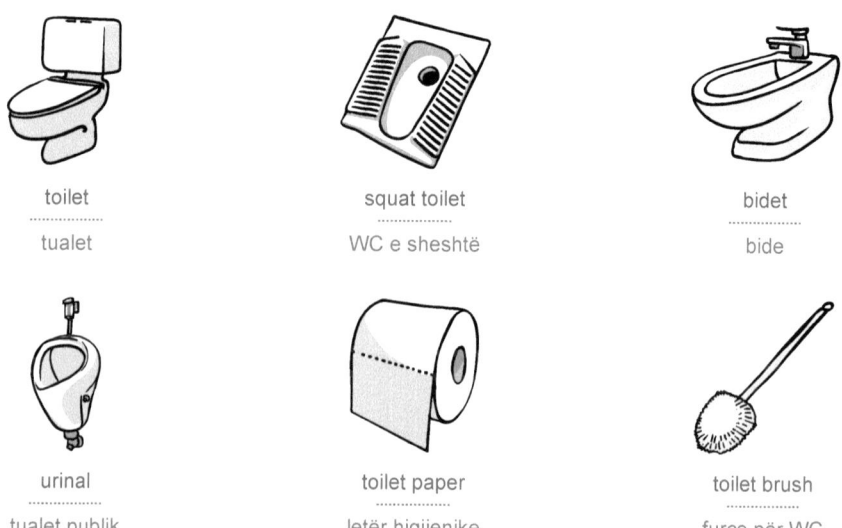

toothbrush

furçë dhëmbësh

toothpaste

pastë dhëmbësh

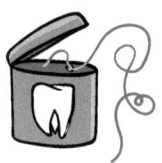

dental floss

fije dentare

wash

laj

hand shower

dorezë dushi

douche

larës për zonën intime

basin

legen

back brush

furçë për masazh shpine

soap

sapun

shower gel

shampo trupi

shampoo

shampo

flannel

leckë pastruese

drain

kullues

creme

krem

deodorant

antidjersë

mirror

pasqyrë

hand mirror

pasqyrë dore

razor

brisk rroje

shaving foam

shkumë rroje

aftershave

locion pas rrojes

comb

krehër

brush

furçë

hair-dryer

tharëse flokësh

hairspray

llak për flokët

makeup

grim

lipstick

buzëkuq

nail varnish

manikyr

cotton wool

mbushje pambuku

nail scissors

gërshërë për thonj

perfume

parfum

washbag

çantë për sendet personale

stool

Stol

weighing scales

peshore

bathrobe

robëdëshambër

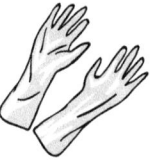

rubber gloves

dorashka gome

tampon

tampon

sanitary towel

peceta higjienike

chemical toilet

tualet I lëvizshëm

kids room

dhomë fëmijësh

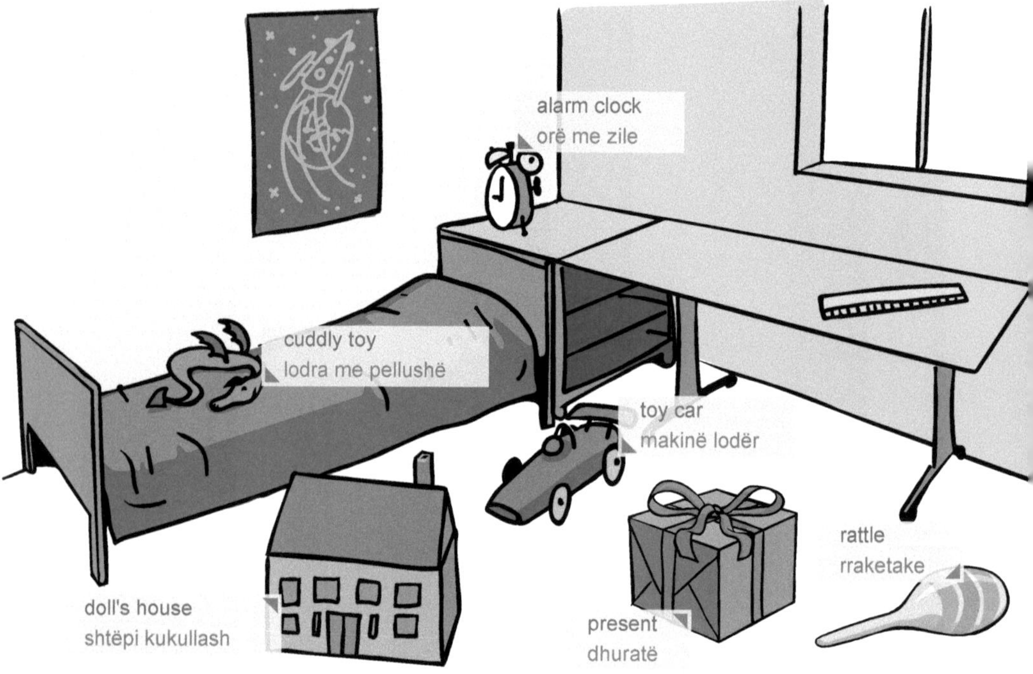
alarm clock
orë me zile
cuddly toy
lodra me pellushë
toy car
makinë lodër
rattle
rraketake
doll's house
shtëpi kukullash
present
dhuratë

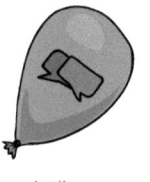

balloon

tollumbace

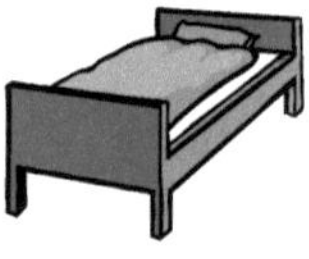

bed

krevat

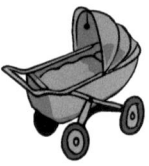

stroller

karrocë fëmijësh

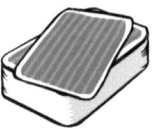

deck of cards

lojë me letra

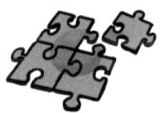

jigsaw

bashkim pjesësh me figura

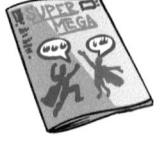

comic

komik

lego bricks

formuese lodër

toy blocks

kuba plastikë

action figure

lodra

romper suit

badi

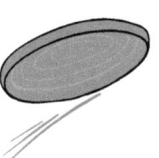

frisbee

frizbi

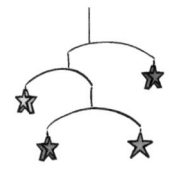

mobile

lodra të varura tek krevati i fëmijëve

board game

tavolinë lojërash

dice

zare

model train set

model treni

pacifier

biberon

party

festë

picture book

libër me ilustrime

ball

top

doll

kukull

play

luaj

sandpit

grumbull rëre

swing

kolovarëse

toys

lodra

video game console

leva për lojra video

tricycle

triçikël

teddy bear

arush prej pellushi

wardrobe

garderobë

clothing

veshje

socks

çorape

stockings

çorape të gjata

tights

geta

scarf
shall

umbrella
cadër

t-shirt
bluzë pa jakë

belt
rrip

boots
çizme

slippers
pantofla

sneakers
atlete

sandals
sandale

shoes
këpucë

rubber boots
çizme llastiku

underwear
të mbathura

bra
reçipeta

undershirt
kanotierë

clothing - veshje

body

trup

pants

pantallona

jeans

xhinse

skirt

fund

blouse

bluzë

shirt

këmishë

pullover

pulovër

sweater

triko

blazer

xhaketë

jacket

xhaketë

coat

pallto

raincoat

mushama shiu

costume

kostum

dress

fustan

wedding dress

fustan nusërie

suit

kostum

nightgown

këmishë nate

pajamas

pizhama

sari

sari (veshje tradicionale indiane)

headscarf

shami koke

turban

çallmë

burka

veshje për femrat e besimit musliman

kaftan

kaftan (lloj veshjeje tradicionale)

abaya

ferexhe

swimsuit

kostum banje

trunks

rroba banje

shorts

pantallona të shkurtra

tracksuit

tuta sporti

apron

përparëse

gloves

dorashka

button

kopsë

glasses

syze

bracelet

byzylyk

necklace

gjerdan

ring

unazë

earring

vath

cap

kapuç

coat hanger

varëse për pallto

hat

kapele

tie

kravatë

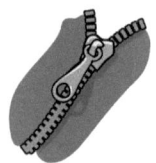

zip

zinxhir

helmet

helmetë

braces

tiranda

school uniform

uniformë shkolle

uniform

uniformë

bib

gushore

pacifier

biberon

diaper

pelenë

office
zyrë

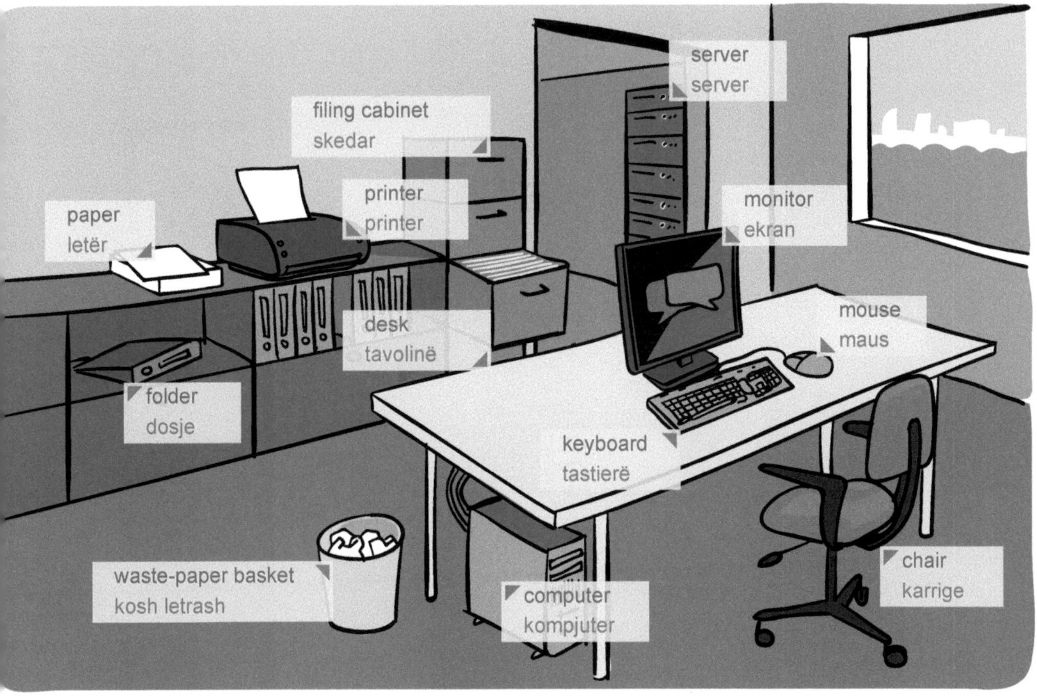

server
server

filing cabinet
skedar

printer
printer

paper
letër

monitor
ekran

mouse
maus

desk
tavolinë

folder
dosje

keyboard
tastierë

waste-paper basket
kosh letrash

chair
karrige

computer
kompjuter

coffee mug

filxhan kafeje

calculator

makinë llogaritëse

internet

internet

laptop

kompjuter portativ

letter

letër

message

mesazh

cell phone

telefon

network

rrjet

photocopier

fotokopje

software

program

telephone

telefon

plug socket

prizë

fax machine

pajisje faksi

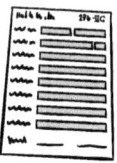

form

formular

document

dokument

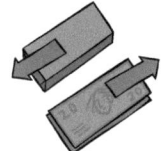

buy

blej

pay

paguaj

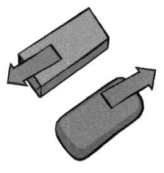

trade

tregtoj

money

para

 **USD**

dollar

dollar

 **EUR**

euro

euro

 **JPY**

yen

jen

 **RUB**

rouble

rubla

 **CHF**

Swiss franc

franga zvicerane

 **CNY**

renminbi yuan

juani kinez

 **INR**

rupee

rupje

cash point

bankomat

currency exchange office

pikë këmbimi valutor

gold

ar

silver

argjend

oil

nafta

energy

energji

price

çmim

contract

kontratë

tax

taksë

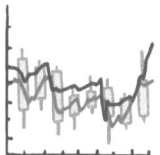

stock

aksione

work

punoj

employee

punonjës

employer

punëdhënës

factory

fabrikë

shop

dyqan

occupations
profesionet

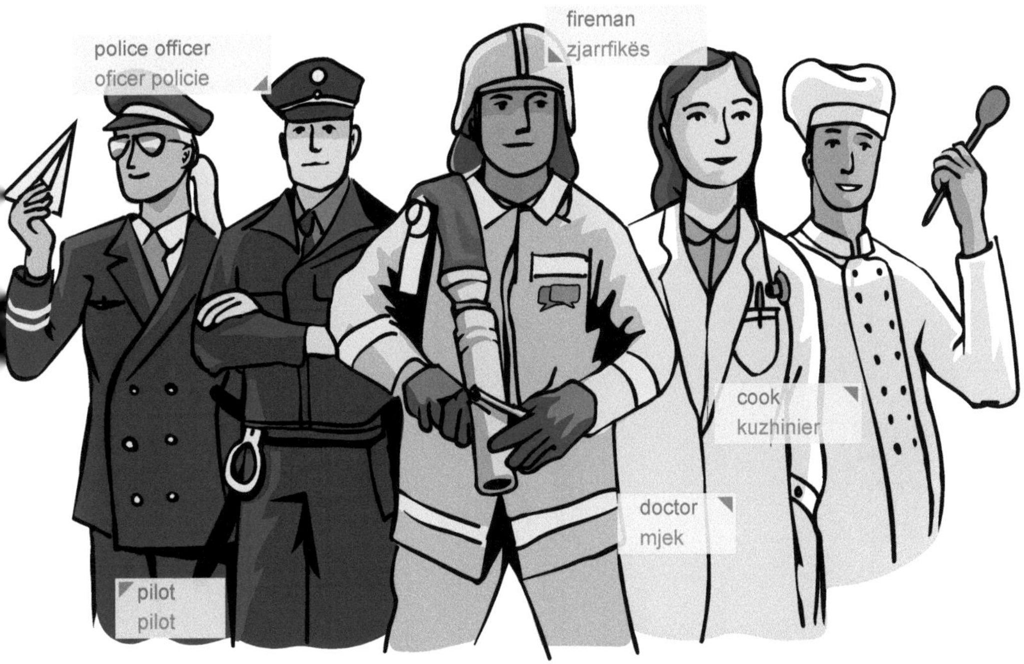
police officer
oficer policie
fireman
zjarrfikës
cook
kuzhinier
doctor
mjek
pilot
pilot

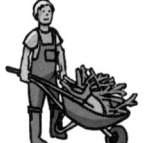

gardener

kopshtar

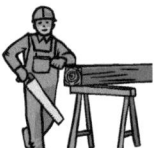

carpenter

marangoz

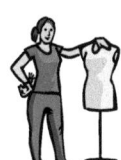

seamstress

rrobaqepëse

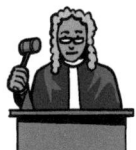

judge

gjykatës

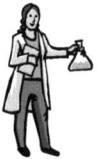

chemist

kimist

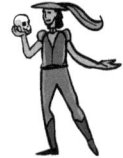

actor

aktor

bus driver

shofer autobuzi

taxi driver

taksist

fisherman

peshkatar

cleaning lady

pastruese

roofer

riparues çatish

waiter

kamarier

hunter

gjuetar

painter

piktor

baker

furrxhi

electrician

elektriçist

builder

ndërtues

engineer

inxhinier

butcher

kasap

plumber

hidraulik

postman

postieri

soldier

ushtar

architect

arkitekt

cashier

arkëtar

florist

luleshitës

hairdresser

berber

conductor

kontrollor

mechanic

mekanik

captain

kapiten

dentist

dentist

scientist

shkencëtar

rabbi

rabin

imam

imam

monk

murg

pastor

klerik

tools
mjete

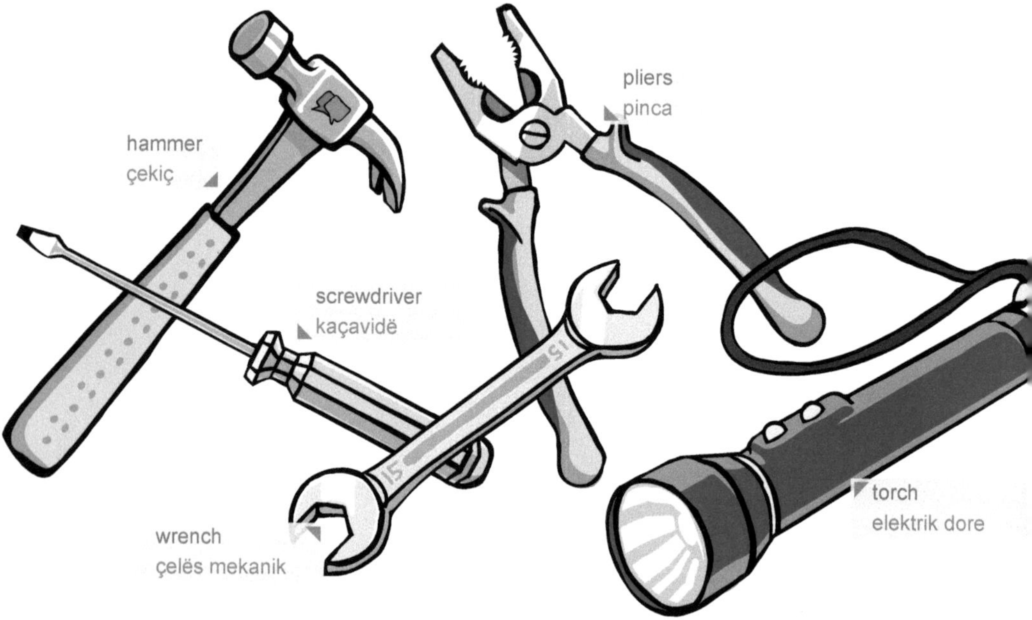
hammer
çekiç
pliers
pinca
screwdriver
kaçavidë
wrench
çelës mekanik
torch
elektrik dore

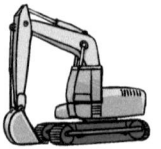

excavator
ekskavator

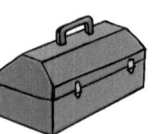

toolbox
kuti veglash

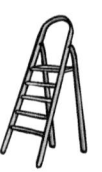

ladder
shkallë

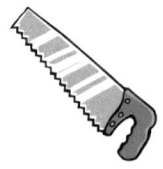

saw
sharrë

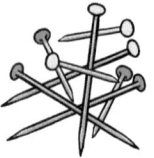

nails
gozhdë

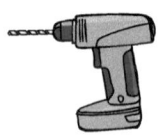

drill
trapan

repair
riparoj

shovel
lopatë

Damn!
Dreq!

dustpan
kaci

paint can
kuti boje

screws
vidhë

musical instruments
instrumenta muzikorë

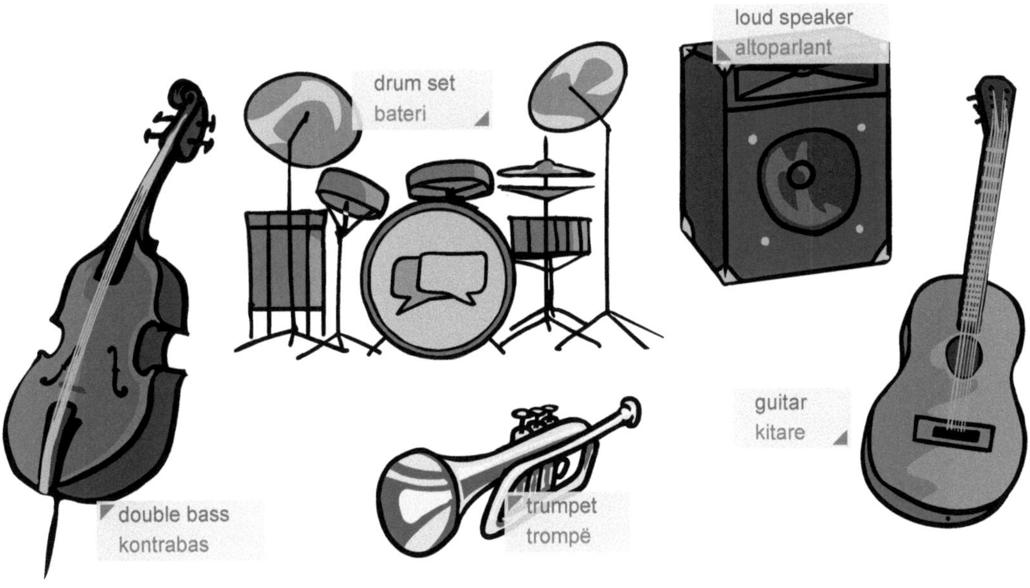

drum set
bateri

loud speaker
altoparlant

double bass
kontrabas

trumpet
trompë

guitar
kitare

piano

piano

violin

violinë

bass

bas

timpani

tamburë

drums

daulle

keyboard

tastierë pianoje

saxophone

saksofon

flute

flaut

microphone

mikrofon

musical instruments - instrumenta muzikorë

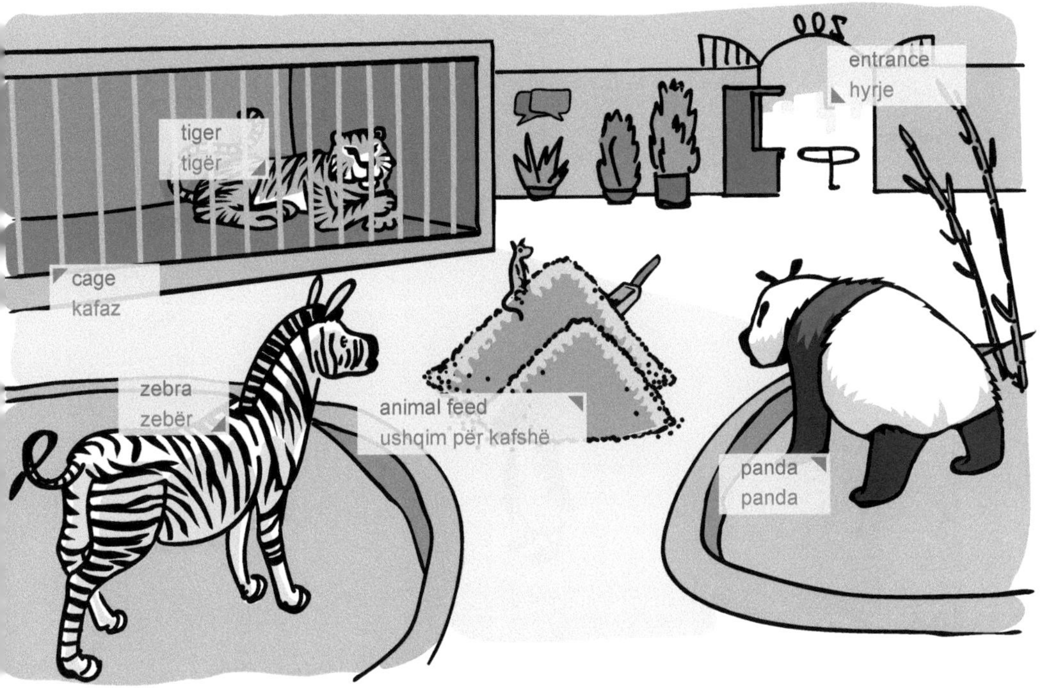

tiger
tigër

entrance
hyrje

cage
kafaz

zebra
zebër

animal feed
ushqim për kafshë

panda
panda

animals

kafshë

elephant

elefant

kangaroo

kangur

rhino

rinoceront

gorilla

gorillë

bear

ari

camel

deve

ostrich

struc

lion

luan

monkey

majmun

flamingo

flamingo

parrot

papagall

polar bear

ari polar

penguin

pinguin

shark

peshkaqen

peacock

pallua

snake

gjarpër

crocodile

krokodil

zookeeper

punonjës i kopshtit zoologjik

seal

fokë

jaguar

xhaguar

zoo - kopsht zoologjik

pony
poni

leopard
leopard

hippo
hipopotam

giraffe
gjirafë

eagle
shqiponjë

boar
derr i egër

fish
peshk

turtle
breshkë

walrus
lopë deti

fox
dhelpër

gazelle
gazelë

American football
futboll amerikan

cycling
çiklizëm

tennis
tenis

basketball
basketboll

swimming
not

boxing
boks

ice hockey
hokej mbi akull

soccer
futboll

badminton
badminton

athletics
atletikë

handball
hendboll

skiing
ski

polo
polo

laugh
qesh

jump
hidhem

hug
përqafoj

walk
eci

sing
këndoj

dream
ëndërroj

pray
lutem

kiss
puth

write	draw	show
shkruaj	vizatoj	tregoj

push	give	take
shtyj	jap	marr

have

kam

do

bëj

be

jam

stand

qëndroj

run

vrapoj

pull

tërheq

throw

hedh

fall

bie

lie

shtrihem

wait

pres

carry

mbaj

sit

ulem

get dressed

vishem

sleep

fle

wake up

zgjohem

look at

shikoj

cry

qaj

stroke

përkëdhel

comb

kreh

talk

bisedoj

understand

kuptoj

ask

kërkoj

listen

dëgjoj

drink

pi

eat

ha

tidy up

sistemoj

love

dashuroj

cook

gatuaj

drive

drejtoj makinën

fly

fluturoj

sail

lundroj

calculate

llogaris

read

lexoj

learn

mësoj

work

punoj

marry

martohem

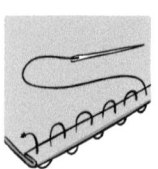

sew

qep

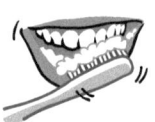

brush teeth

laj dhëmbët

kill

vras

smoke

tymos

send

dërgoj

family
familje

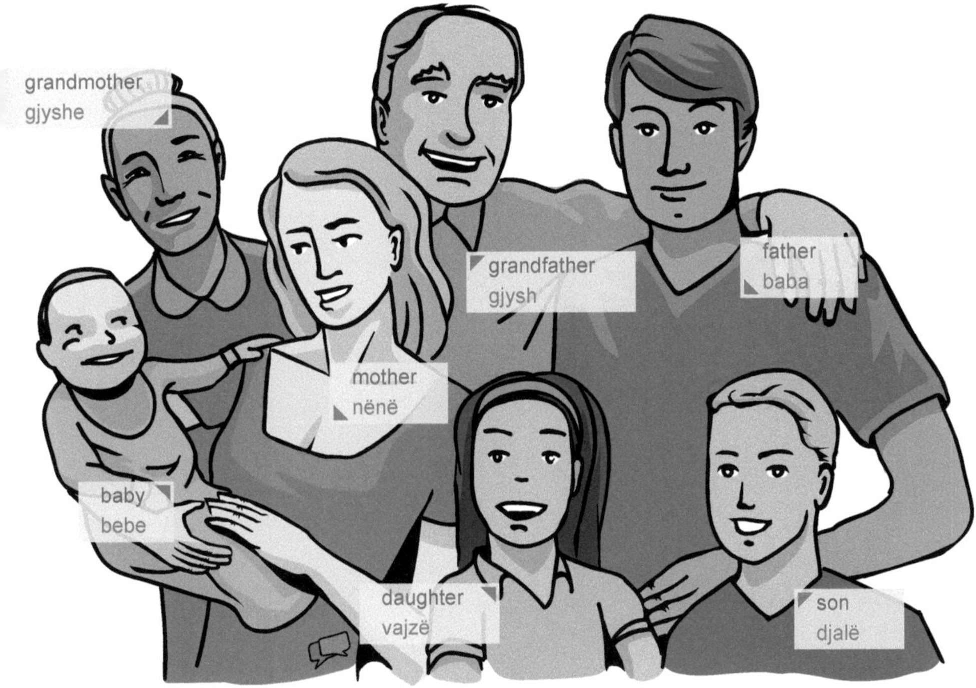
grandmother
gjyshe
grandfather
gjysh
father
baba
mother
nënë
baby
bebe
daughter
vajzë
son
djalë

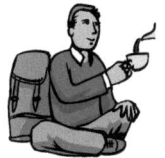

guest
mysafir

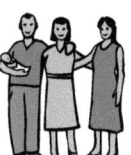

aunt
teze, hallë

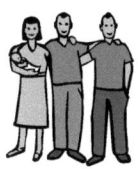

uncle
dajë, xhaxha

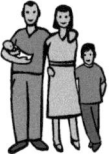

brother
vëlla

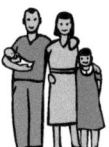

sister
motër

body
trupi

forehead
balli
eye
syri
face
fytyra
chin
mjekra
breast
krahërori
finger
gishti
hand
dora
arm
krahu
shoulder
shpatulla
leg
këmba

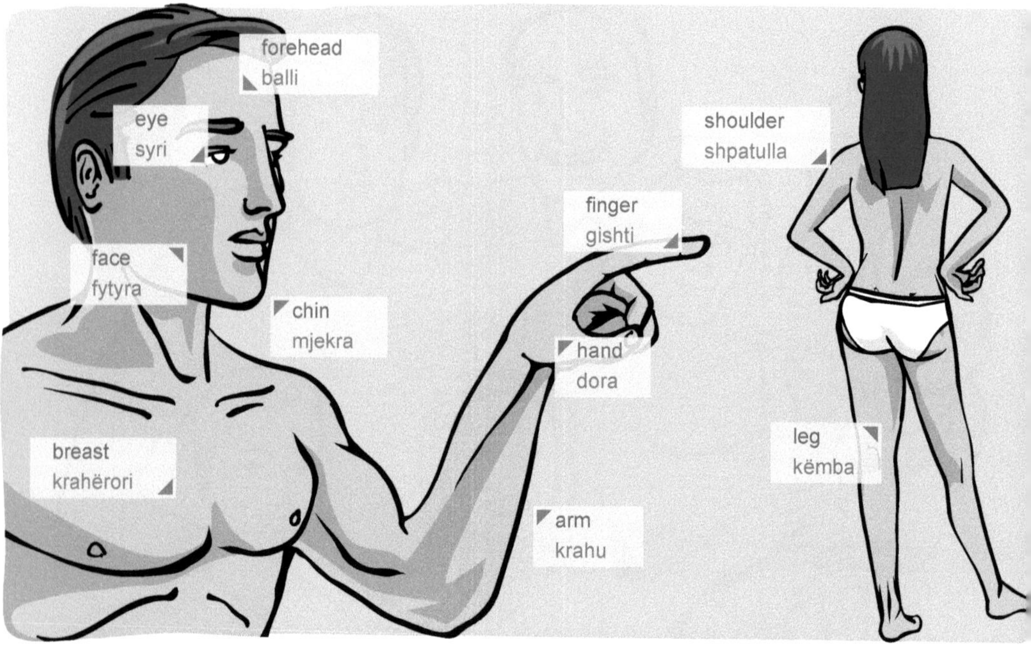

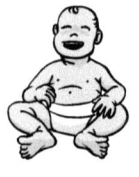

baby
bebe

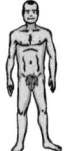

man
burrë

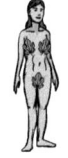

woman
grua

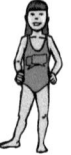

girl
vajzë

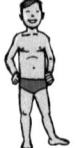

boy
djalë

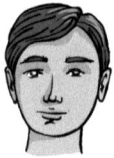

head
koka

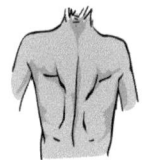	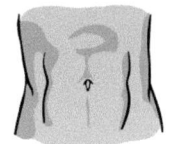	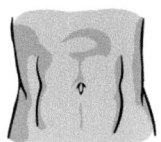
back	belly	navel
shpina	barku	kërthiza

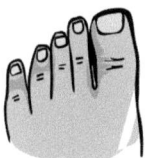	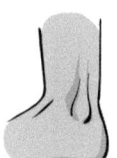	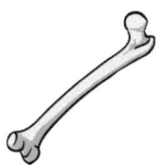
toe	heel	bone
gisht këmbe	Thembra	kockë

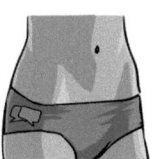	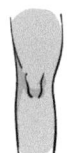	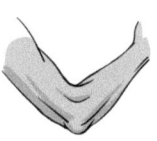
hip	knee	elbow
legeni	gjuri	bërryli

	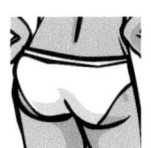	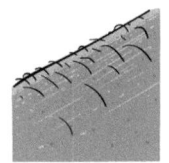
nose	buttocks	skin
hunda	vithe	lëkura

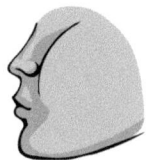	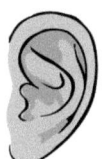	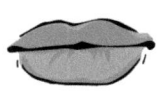
cheek	ear	lip
faqja	veshi	buza

mouth

goja

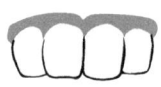

tooth

dhëmbët

tongue

gjuha

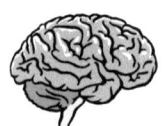

brain

truri

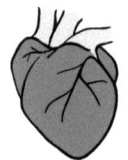

heart

zemra

muscle

muskul

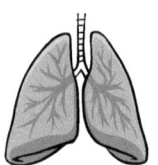

lung

mushkëria

liver

mëlçia

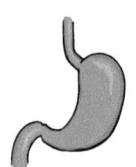

stomach

stomaku

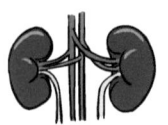

kidneys

veshka

sex

seks

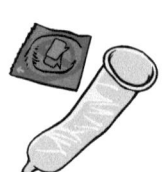

condom

prezervativ

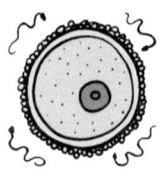

ovum

veza

semen

sperma

pregnancy

shtatëzani

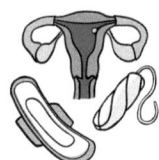

menstruation

menstruacione

vagina

vagina

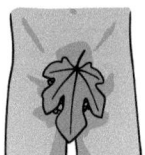

penis

penis

eyebrow

vetulla

hair

flokët

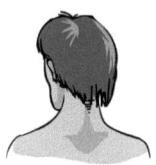

neck

qafa

hospital
spital

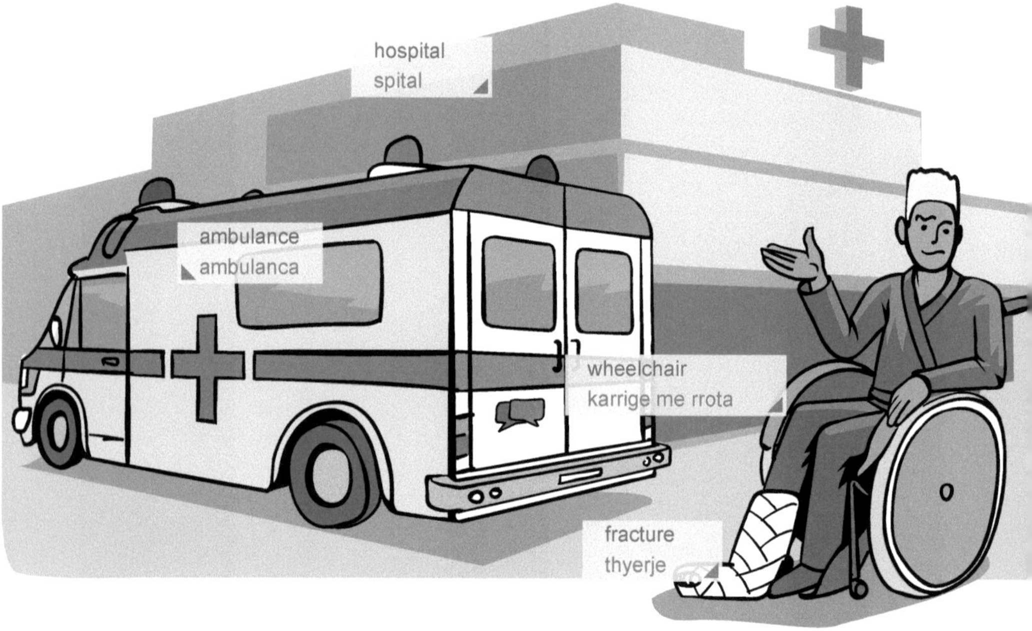

hospital
spital
ambulance
ambulanca
wheelchair
karrige me rrota
fracture
thyerje

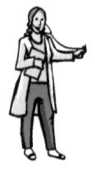

doctor
mjek

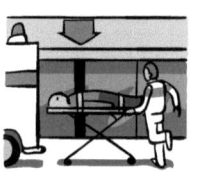

emergency room
sallë urgjencash

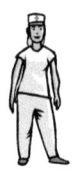

nurse
infermiere

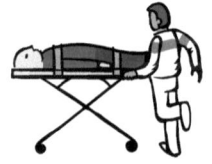

emergency
emergjencë

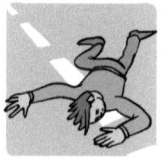

unconscious
i pandërgjegjshëm

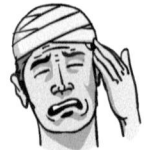

pain
dhimbje

injury

dëmtim

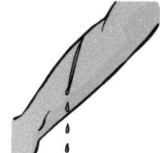

bleeding

gjakosje

heart attack

infarkt

stroke

goditje

allergy

alergji

cough

kolla

fever

ethe

flu

grip

diarrhea

diarre

headache

dhimbje koke

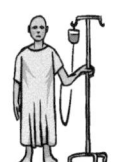

cancer

kancer

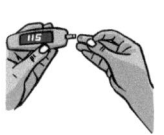

diabetes

diabet

surgeon

kirurg

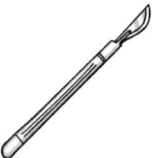

scalpel

bisturi

operation

operacion

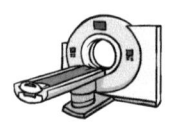

CT

CT (skaner)

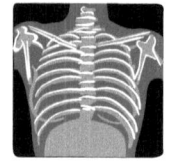

x-ray

radiografi

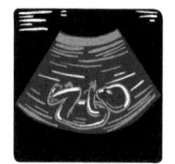

ultrasound

ultratingull

face mask

maskë fytyre

disease

sëmundje

waiting room

dhomë pritjeje

crutch

paterica

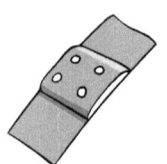

plaster

leukoplast

bandage

fasho

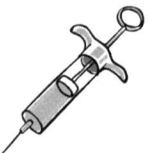

injection

injeksion

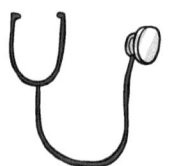

stethoscope

stetoskop

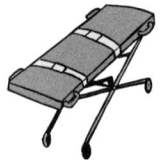

stretcher

barelë

clinical thermometer

termometër

birth

lindje

overweight

mbipeshë

hearing aid

aparat dëgjimi

disinfectant

dezinfektant

infection

infeksion

virus

virus

HIV / AIDS

HIV / AIDS

medicine

mjekësi, mjekim

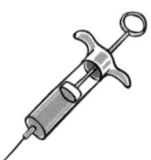

vaccination

vaksinim

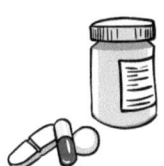

tablets

tableta

pill

pilulë

emergency call

telefonatë emergjence

blood pressure monitor

aparat tensioni

ill / healthy

i sëmurë / i shëndetshëm

Help!
Ndihmë!

alarm
alarm

assault
sulm

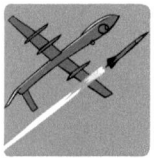
attack
atak

danger
rrezik

emergency exit
dalje emergjence

Fire!
Zjarr!

fire extinguisher
fikëse zjarri

accident
aksident

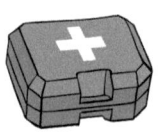
first-aid kit
kuti e ndimës së shpejtë

SOS
SOS

police
policia

Europe

Europa

North America

Amerika e Veriut

South America

Amerika e Jugut

Africa

Afrika

Asia

Azia

Australia

Australia

Atlantic

Atlantiku

Pacific

Paqësori

Indian Ocean

Oqeani Indian

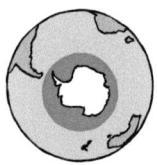

Antarctic Ocean

Oqeani Antarktik

Arctic Ocean

Oqeani Arktik

North pole

Poli i veriut

South pole

Poli i Jugut

Antarctica

Antarktida

earth

toka

land

tokë

sea

det

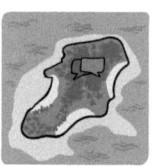

island

ishull

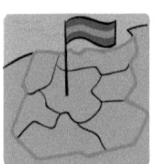

nation

komb

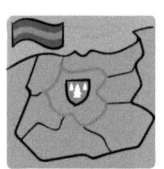

state

shtet

clock face

fusha e orës

hour hand

akrepi i orës

minute hand

akrepi i minutave

second hand

akrepi i sekondave

What time is it?

Sa është ora?

day

ditë

time

kohë

now

tani

digital watch

orë dixhitale

minute

minutë

hour

orë

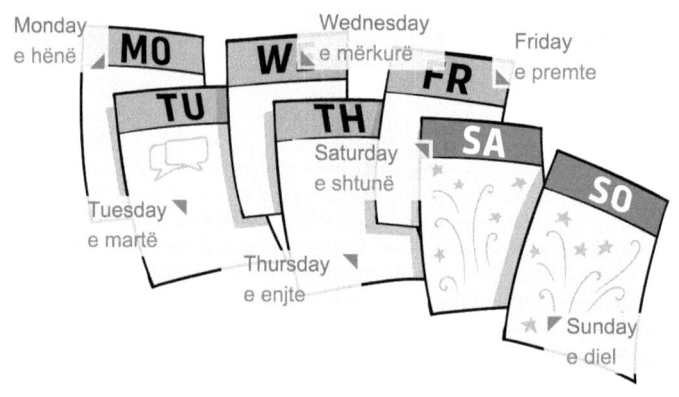

Monday / e hënë
Tuesday / e martë
Wednesday / e mërkurë
Thursday / e enjte
Friday / e premte
Saturday / e shtunë
Sunday / e diel

yesterday

dje

today

sot

tomorrow

nesër

morning

mëngjes

noon

mesditë

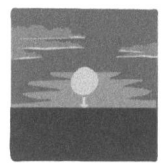

evening

mbrëmje

workdays

ditë pune

weekend

fundjavë

year
vit

rain
shi
spring
pranverë
summer
verë
wind
erë
fall
vjeshtë
snow
borë
winter
dimër

4.APRIL 11°
5.APRIL 4°
6.APRIL 13°
7.APRIL 8°
8.APRIL 10°

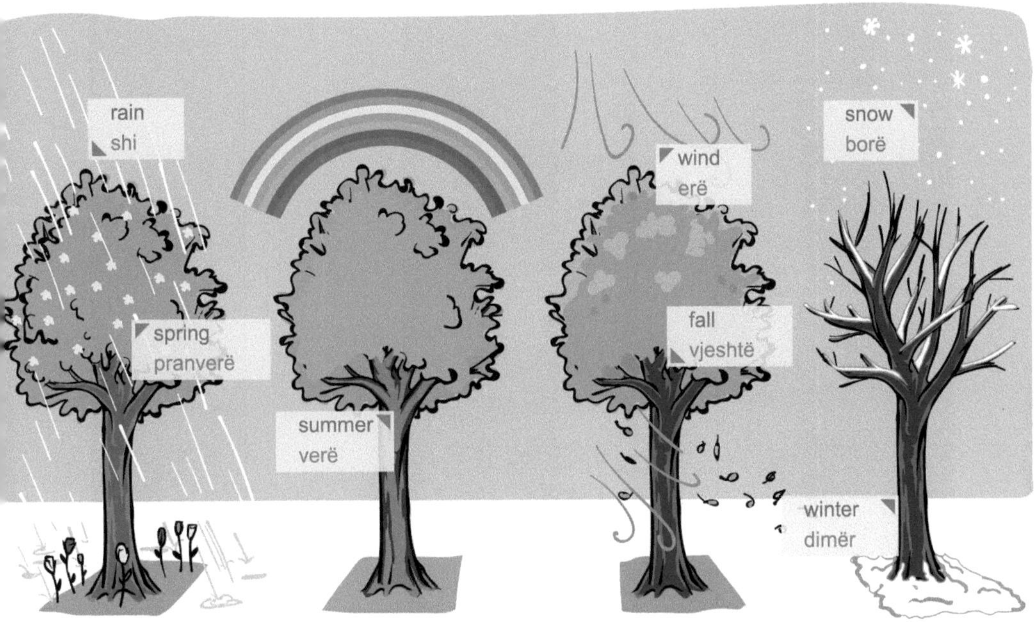

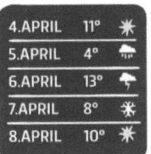

weather forecast

parashikimi i motit

F C
120 90 60 30 0 -30
40 30 20 10 0 -10 -20

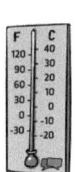

thermometer

termometër

sunshine

ndriçim dielli

cloud

re

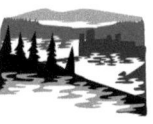

fog

mjegull

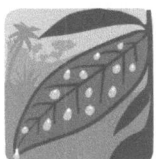

humidity

lagështi

lightning

vetëtima

thunder

gjëmim

storm

stuhi

hail

breshër

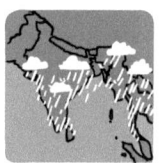

monsoon

muson

flood

përmbytje

ice

akull

January

janar

February

shkurt

March

mars

April

prill

May

maj

June

qershor

July

korrik

August

gusht

September
....
shtator

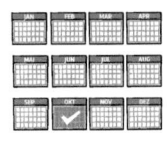

October
....
tetor

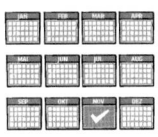

November
....
nëntor

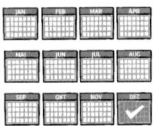

December
....
dhjetor

shapes
forma

circle
....
rreth

square
....
katror

rectangle
....
drejtkëndësh

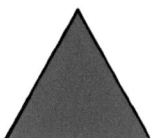

triangle
....
trekëndësh

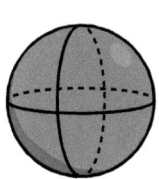

sphere
....
sferë

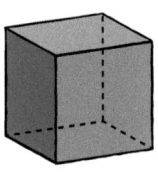

cube
....
kub

colors

ngjyra

white
....
e bardhë

yellow
....
e verdhë

orange
....
portokalli

pink
....
rozë

red
....
e kuqe

purple
....
vjollcë

blue
....
blu

green
....
e gjelbër

brown
....
kafe

gray
....
gri

black
....
e zezë

a lot / a little

shumë / pak

angry / calm

i nevrikosur / i qetë

beautiful / ugly

i bukur / i shëmtuar

beginning / end

fillim / fund

big / small

i madh / i vogël

bright / dark

i ndritshëm / i errët

brother / sister

vëlla / motër

clean / dirty

e pastër / e pistë

complete / incomplete

e plotë / jo e plotë

day / night

ditë / natë

dead / alive

gjallë / vdekur

wide / narrow

i gjerë / i ngushtë

edible / inedible

i ngrënshëm / i
pangrënshëm

evil / kind

i keq / i këndshëm

excited / bored

i lumtur / i mërzitur

fat / thin

i shëndoshë / i dobët

first / last

e para / e fundit

friend / enemy

mik / armik

full / empty

plot / bosh

hard / soft

e fortë / e butë

heavy / light

e rëndë / e lehtë

hunger / thirst

uri / etje

ill / healthy

i sëmurë / i shëndetshëm

illegal / legal

e paligjshme / e ligjshme

intelligent / stupid

i zgjuar / budalla

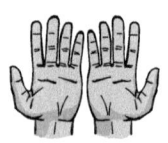

left / right

majtas / djathtas

near / far

afër / larg

new / used

e re / e përdorur

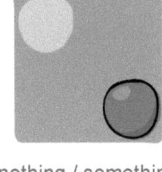

nothing / something

asgjë / diçka

old / young

i moshuar / i ri

on / off

ndezur / fikur

open / closed

hapur / mbyllur

quiet / loud

i qetë / i zhurmshëm

rich / poor

i pasur / i varfër

right / wrong

e drejtë / e gabuar

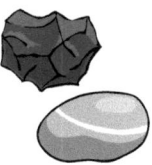

rough / smooth

i ashpër / i butë

sad / happy

i mërzitur / i lumtur

short / long

i shkurtër / i gjatë

slow / fast

ngadalë / shpejt

wet / dry

i lagësht / i thatë

warm / cool

ngrohtë / freskët

war / peace

luftë / paqe

opposites - të kundërta

numbers

numra

0	**1**	**2**
zero	one	two
zero	një	dy
3	**4**	**5**
three	four	five
tre	katër	pesë
6	**7**	**8**
six	seven	eight
gjashtë	shtatë	tetë
9	**10**	**11**
nine	ten	eleven
nentë	dhjetë	njëmbëdhjetë

12	**13**	**14**
twelve	thirteen	fourteen
dymbëdhjetë	trembëdhjetë	katërmbëdhjetë
15	**16**	**17**
fifteen	sixteen	seventeen
pesëmbëdhjetë	gjashtëmbëdhjetë	shtatëmbëdhjetë
18	**19**	**20**
eighteen	nineteen	twenty
tetëmbëdhjetë	nentëmbëdhjetë	njëzetë
100	**1.000**	**1.000.000**
hundred	thousand	million
qind	mijë	milion

numbers - numra

English
anglisht

American English
anglishte amerikane

Chinese Mandarin
kinezisht mandarin

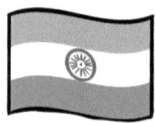

Hindi
hindi

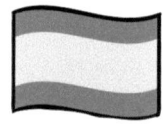

Spanish
spanjisht

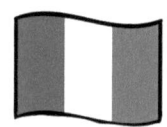

French
frëngjisht

Arabic
arabisht

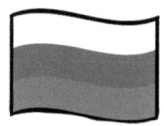

Russian
rusisht

Portuguese
portugalisht

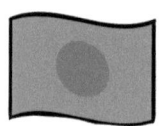

Bengali
bengalisht

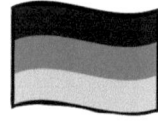

German
gjermanisht

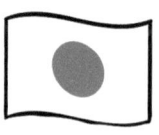

Japanese
japonisht

I

unë

you

ti

he / she / it

ai / ajo

we

ne

you

ju

they

ata

who?

kush?

what?

çfarë?

how?

si?

where?

ku?

when?

kur?

name

emër

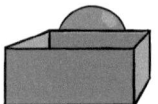

behind

pas

in

në

in front of

përballë

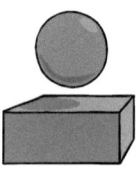

over

sipër

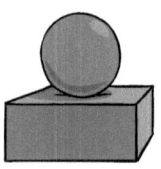

on

mbi

under

poshtë

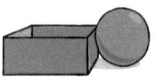

beside

pranë

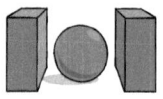

between

midis

place

vend